北京市属高等学校高层次人才引进与培养计划项目 CIT&TCD20170310
现 代 农 业 产 业 技 术 体 系 北 京 市 奶 牛 创 新 团 队 资 助

贸易自由化视域下
中国乳业国际化发展研究

王 琛 刘 芳 何忠伟 著

中国财经出版传媒集团
中国财政经济出版社

图书在版编目（CIP）数据

贸易自由化视域下中国乳业国际化发展研究 / 王琛，刘芳，何忠伟著. -- 北京：中国财政经济出版社，2021.5

ISBN 978-7-5223-0314-7

Ⅰ. ①贸… Ⅱ. ①王… ②刘… ③何… Ⅲ. ①乳品工业-国际化-研究-中国 Ⅳ. ①F426.82

中国版本图书馆 CIP 数据核字（2021）第 041862 号

责任编辑：杨　波　　　　责任印制：张　健

封面设计：陈宇琰　　　　责任校对：胡永立

文稿统筹：刘孺泾

贸易自由化视域下中国乳业国际化发展研究

MAOYI ZIYOUHUA SHIYUXIA ZHONGGUO RUYE GUOJIHUA FAZHAN YANJIU

中国财政经济出版社 出版

URL：http：//www.cfeph.cn

E-mail：cfeph@cfeph.cn

社址：北京市海淀区阜成路甲 28 号　邮政编码：100142

营销中心电话：010-88191522

天猫网店：中国财政经济出版社旗舰店

网址：https：//zgczjjcbs.tmall.com

北京财经印刷厂印刷　　各地新华书店经销

成品尺寸：170mm×240mm　16 开　11.75 印张　168 000 字

2021 年 5 月第 1 版　2021 年 5 月北京第 1 次印刷

定价：47.00 元

ISBN 978-7-5223-0314-7

（图书出现印装问题，本社负责调换，电话：010-88190548）

本社质量投诉电话：010-88190744

打击盗版举报热线：010-88191661　QQ：2242791300

自序

随着“三聚氰胺奶粉”事件的阴霾逐渐消散，中国乳业重振旗鼓、砥砺前行，并在国际分工体系中逐渐获得相应地位，参与全球乳业市场的资源要素配置，进入乳业发展新时期。经济新常态下，中国积极参与及引领国际经贸格局新发展，FTA协议的签署与“一带一路”倡议的推进等，都使中国乳业获得了更多的产业双边贸易、双边直接投资、技术研发合作与人才交流的机遇。与此同时，由于国内乳业发展的资源禀赋、技术水平与配套产业的限制等，导致国际化发展成为了中国乳业的重要出路与必然选择。中国乳业的国际化依托于乳制品企业的“走出去”经营实践，并且其海外布局涉及奶源基地、技术研发中心、营销售后等多个领域。经过多年发展，中国乳制品企业的海外直接投资规模累计超过200亿元，实现了初步的海外布局并积累了一定的国际影响力。然而，在中国乳业加速国际化的发展进程中，乳制品企业的大规模对外直接投资是否会转移国内乳业发展的资金投入，从而对国内乳业产业链的发展造成不利影响？在全球范围内比较来看，由于中国乳业不具备国际竞争优势，导致乳业贸易进程的发展对国内乳业产生了冲击，在此背景下是否还应保持甚至进一步扩大乳业参与国际市场的深度？从长期来看，中国乳业的国际化发展对乳业的结构优化与转型升级又会产生何种作用？中国经济贸易自由化进程的推进、乳业产业国际直接投资的实践与中国乳业比较优势的动态发展之间的关系又会有何变化？这些都是摆在中国乳业国际化发展路径面前亟待解决的重要理论与实践课题。

基于上述现实背景，本书综合运用了实证与规范、归纳与演绎、静态与动态比较等研究方法，基于“贸易自由化—中国乳业国际化—乳业结构升级”的内在机制，运用理论模型与实证分析相结合的方法对中国乳业国际化过程进行论证，并提出促进中国乳业国际化发展的政策建议。本书结构共分为九章，具体内容如下：

第一章为导论。该章是研究的起点，首先，介绍选题背景和研究意义。其次，回归国内外文献并确定研究切入点，基于此提出研究目标及实现的技术路线。最后介绍本书的章节内容安排与创新点及不足之处等。

第二章为主要概念界定与理论基础。首先，通过对研究所涉及的核心概念如乳制品、乳业、贸易自由化、国际化发展等进行界定、明晰研究范畴，并明确两大研究落脚地即贸易自由化与国际化发展之关系。其次，梳理研究采用的分析理论框架，主要涉及比较优势理论、区域经济一体化理论与国际直接投资理论，并基于理论梳理构建研究理论分析框架。

第三章为世界及中国乳业自由贸易现状分析。首先，对世界范围内主要乳制品生产贸易国家乳制品贸易特征进行总结，并对中国的乳制品贸易现状进行分析。其次，展开比较性研究，从中国乳业的国际竞争力及其影响因素层面分析目前的在世界乳业自由贸易中中国乳业的地位。

第四章为贸易自由化下中国乳业贸易发展影响研究。从本章开始，将贸易自由化发展背景与中国乳业的国际化发展实践结合起来。首先，就当前“一带一路”倡议与“中国—新西兰”“中国—澳大利亚”两个FTA的建议对中国乳业贸易发展、中国乳业全产业链的现实影响进行定性与定量分析。其次，由于“一带一路”倡议背景下，对中国对外贸易发展所带来的深远影响在乳业贸易方面的具体体现进行预期的量化分析，采用紧密度、影响因素与贸易发展潜力测算等手段分析与“带路”地区的乳业贸易潜力。

第五章贸易自由化对中国乳业发展的预期经济效应分析，采用可计算一般均衡研究工具，实证分析贸易自由化对中国乳业产业发展的预期经济效应。主要从关税减免、运输系数提升、贸易壁垒的双边削弱等角度进行了政策模拟，并从对贸易伙伴国之间社会福利水平及GDP水平的宏观效应、中国国内乳业生产及价格水平的微观效应两个方面进行了冲击效应分析。

第六章中国乳业国际化发展动因、模式与挑战——基于企业微观视角，在分析国际化发展背景的基础上，结合中国主要上市乳制品企业国际发展实践活动，阐述中国乳制品企业国际化发展的内部与外部动因、战略布局与主要模式以及在国际化发展过程中面临的主要困难与挑战。

第七章中国乳业国际化的区位选择与贸易效应分析——基于企业OFDI视角，继续基于企业微观视角，研究中国乳制品企业国际化发展对中国乳业贸易的贸易替代与贸易促进两种效应的综合效果。首先，对中国乳制品企业的国际化主要基于对外直接投资（OFDI），从投资的规模、区位选择与贸易壁垒等角度说明投资特点。其次，具体研究在区位选择上的影响因素，辨析中国乳制品企业对外直接投资的目标与趋势。最后利用面板数据实证分析OFDI对乳业的综合贸易效应。

第八章为中国乳业国际化与产业结构升级实证分析。该章为研究的关键目标，即宏观评价中国乳业国家化对乳业产业发展的综合影响。基于国际贸易过程中对国内产业影响的量化评价体系，通过GLM模型分析乳制品企业的对外直接投资与中国乳业转型升级之间的线性关系，对中国乳业是否应该走国际化发展路径的研究假定进行了回答。

第九章主要研究结论与政策启示，为本书的总结章。本章一方面对第三到八章的研究内容进行了归纳与总结，另一方面针对性地提出了推动中国乳业国际化进程与提升中国乳业国际竞争力与乳业市场对外开放水平的对策建议。

此外，本书相关成果借鉴了同行专家的宝贵意见，特此表示感谢！

由于研究水平有限，本书还存在很多不足，敬请读者批评指正！

著　者

2021年2月

目录

第一章　导　论

1.1　研究缘起与意义

1.1.1　研究缘起

1.1.1.1　中国乳业发展遭遇发展瓶颈

农业是宏观国民经济发展的基础，而由于产业链长、产品附加值高、工业化装备程度深等特点，乳业一直在农业现代化发展中发挥着引领作用。根据中国国家统计局数据，2017 年中国乳制品居民消费达到 3590.41 亿元，较 2004 年增长了 5.7 倍，乳制品行业利润总额达到 244.87 亿元，较 2004 年增长 7.2 倍，中国乳制品消费市场增长显著。同时中国乳制品消费量仍远低于发达国家，2016 年国内人均液态奶消费量为 20.3 千克，与澳大利亚和新西兰人均 106.6 千克、美国 69.2 千克、欧盟 59.4 千克等相比还有很大差距，即便与饮食结构相似的日本、韩国的 30.8 千克和 32.9 千克的水平相比仍有较大增长空间。

虽然国内市场增长潜力较大，为中国乳业的发展提供了市场基础。但是，近年来中国乳制品进口不断增长，2017 年进口数量 217.3 万吨，同比增长 11.1%，年平均增长率达到 21.1%，较 2008 年进口额增长 4.6 倍。而出口占进口比例进一步缩减，仅为 1.5%，2017 年出口额较 2008 年减少了八成以上，中国已经变为乳制品的净进口国。一方面是因为中国乳制品产量较小、需求较大，剩余较少；另一方面是因为中国乳制品质量相对较低、价格相对较高，在国际市场上没有竞争优势。而且，中国出口市场主要集中在中国香港、澳门、非洲和周边国家，出口乳制品技术含量较低、利润较少。这就带来乳制品市场发展与产业发展之间的扭曲，即中国乳业并没有充分享受到乳制品市场发展带来的红利，新增的市场份额大量被进口乳制品所占领。

此外，中国奶业的养殖环节需要大量进口豆粕、苜蓿等饲料粮，而美国是主要的进口来源国。联合国贸易统计数据显示，2017 年中国从美国进口大豆价值 139 亿美元、苜蓿价值 3.99 亿美元，分别占中国大豆进口总额与苜蓿进口总额的 35.2%、76.1%。随着中美贸易摩擦深化，大豆与苜蓿加征关税将导致每千克奶的生产成本上涨约 6%①，由此养殖环节成本将趋于上升，进一步压缩乳业利润空间。

综上，面对外部产品市场冲击与内部产业链利润压缩压力，中国乳业如何突破瓶颈并加速发展是当前面临的核心问题。然而，中国乳业仍沿着修炼内功稳定国内市场的传统思路已不能实现转型升级的目标，必须构建产业结构升级发展的新思路、新路径。

1.1.1.2 乳制品企业海外发展对国内乳业发展的长效作用有待明确

当前，中国乳制品企业加快了“走出去”的步伐。例如，根据 2017 年蒙牛可持续发展报告，蒙牛的产品销售覆盖新加坡、缅甸、柬埔寨等国家，及中国香港、澳门等地区，与新西兰合作伙伴鹏欣和 Miraka 携手合作布局优质奶源，建立了新西兰工厂；伊利自 2014 年提出外延并购策略之后，2017 年 5 月以 8.5 亿美元收购达能集团旗下美国有机酸奶第一品牌 Stonyfield 的全部股权，2017 年 9 月又收购了澳洲最大乳制品企业、全球最大食品原料供应商之一的 Murray Goulburn 公司等。总体来说，中国乳制品企业面对乳业国际化发展需要从三个方面做出了有益的尝试：第一，全球乳业一体化不断加速，中国乳制品加工企业借助中国积极组织与参与国际贸易与交流的东风乘势而上，加速全球化布局；第二，全球乳业消费呈现多极化态势，中国乳制品加工企

① 王玉庭，杜欣蔚，王兴文. 中美贸易战对中国奶业的影响 [J]. 中国乳业，2018 (8): 14-16.

业充分把握消费升级的趋势，抓住新兴市场的机遇，针对东南亚、欧洲、北美等新兴市场开发了大量新产品；第三，全球乳业的智能化趋势显著，中国乳制品加工企业积极拥抱新技术、新工艺、新手段，推动了整个行业的技术积累与发展模式的转型升级。

综上，中国乳制品企业作为中国乳业国际化的先行者，已经初步建立海外发展格局，实现了产业链、供应链、价值链的国际对接。然而，短期来看，中国乳制品企业大举开发海外奶源生产基地，对国内养殖业带来不利影响。同时中国乳制品企业与海外乳制品企业的战略合作等也为海外品牌进入中国市场创造便利，加深了国内乳制品市场的竞争。那么长期来看，中国乳制品企业海外发展对于中国乳业发展的作用如何评价，还尚需研究明确。

1.1.1.3 中国贸易自由化进程的推动给乳业发展带来双向效应

一是，自由贸易区的建立助推中国贸易自由化进程。2004 年中国、新西兰进行了中新自由贸易协定的首次谈判，经过 3 年 15 轮的磋商，2007 年 12 月谈判结束。2008 年 4 月 7 日中新两国正式签订《中华人民共和国政府和新西兰政府自由贸易协定》（以下简称《中新协定》），标志着中新自由贸易区（FTA）的正式建立，10 月 1 日《中新协定》正式生效。2015 年 6 月 17 日正式签署《中华人民共和国政府和澳大利亚政府自由贸易协定》（以下简称《中澳协定》），12 月 20 日正式生效。《中澳协定》涵盖了货物、投资、服务等十几个领域的贸易内容，是中国迄今为止签署的贸易投资自由化水平最高的自由贸易协定之一。中新、中澳自由贸易协定的签署后，贸易转移、贸易创造效应显著：从 2008—2017 年平均情况来看，中国从新西兰、澳大利亚进口乳制品占中国乳制品全部进口量的 42.0%、进口额的 48.6%，意味着中国乳制品进口来源地进一步向新西兰、澳大利亚集中，中国乳业产业安全受新西兰、澳大利亚的冲击效应积累并逐步扩大。

二是，随着 2013 年“一带一路”倡议的提出，中国贸易自由化进程进入历史新阶段。目前“一带一路”沿线区域已成为中国对外贸易的重点发展方向。2008 年之后，全球经济增速普遍下降，中国经济同样面临困难和下行压力。在对外开放程度不断深化的背景下，全球经济情况向弱的同时中国不可能独善其身，国内长期积累的深层次矛盾也逐步显现。中国经济进入新常态，迫切需要实现产业从粗放型到集约型增长的升级，经济增长从片面依赖投资拉动到消费与投资协调拉动的转换，这将是一个充满波动起伏的过程。“一带一路”倡议的提出为中国乳制品行业国际间的合作和交流提供了新机遇、新平台、新思路，中国乳制品企业“引进来”“走出去”的步伐更加坚定。一方面，国内外乳制品行业的信息、技术、人才和市场进一步融合，中国的乳制品企业在引进优良品种、技术设备的同时，也向内引进了优秀的人才团队和管理理念；另一方面，依托“一带一路”倡议，乳制品企业也通过对外直接投资与合作的方式，不断深化与沿线国家、地区的产业资源融合，提高了企业的资源配置能力和品牌国际影响力，开发了海外新兴市场。

综上，中国对外开放程度的不断加深与贸易自由化进程的不断推进，为中国乳业带来机遇与挑战，面对机遇如何把握、面对挑战如何应对，对于这些问题的回答，还需要在新的贸易自由化背景下进行系统分析。

1.1.2 研究意义

以上研究背景启发了本书对于“贸易自由化背景下中国乳业如何构建发展新路径”的思考，并基于思考作出了“中国乳业应当采取国际化发展路径应对新形势”的研究假定。本书具有以下理论与实践意义：

乳业具有产业链最长、价值链效应突出、工业装备水平高等特点，一直是农业现代化、产业化与国际化发展过程中的重点内容，也是农业产业转型升级的关键点。以乳业国际化发展为对象进行深入剖析，掌握国际化发展进程的动因、模式与经济效应，分析乳业国际化发展的必要性，探索乳业国际化发展的选择与路径，具有透视中国农业产业国际化发展模式的理论价值。此外，本书从自由贸易对中国乳业的国际化发展的影响、乳业国际化发展对产业结构升级的作用等方面进行了具体分析，拓展了区域经济一体化、国际直接投资理论框架下中国乳业动态比较优势的内涵和外延，通过结合中国乳业国际化相关实证分析，为乳业国际竞争力的动态变化和发展预期提供了实证证据，是对中国乳业比较优势理论的有益补充。

从实践意义上来说，目前中国乳业国际化为新形势下乳业转型升级发展提供了决策依据。未来中国乳业需要谋求更大发展空间，逐步转变目前进口依赖模式，促进本土品牌的快速成长和竞争力的提升，开发新的贸易出口市场，并通过产业竞争力发展增强进口产品议价能力。在自由贸易区建立与“一带一路”倡议背景下，中国乳业应积极利用贸易自由化开展乳业贸易，积极扩大中国乳业贸易伙伴国范围，利用经济发展和区域合作，通过乳制品企业国际化将消除贸易不确定性及中间产品内部化以降低生产成本，从而推进乳业国际竞争力提升与转型升级发展。此外，研究中国乳业的国际化发展，也为其他农业产业的国际化发展提供了实践指导意义。

1.2 文献综述与研究切入点

1.2.1 贸易自由化对乳业的影响研究

1.2.1.1 区域贸易自由化对经济增长的相关研究

（1）国外研究综述。

贸易自由化对经济增长的影响在20世纪末受到各国学者的重视，人们发现了自由化会对经济产生正面影响，但当时缺乏准确的证据证明。人们普遍认为自由化是从相对封闭的经济过渡到相对开放的经济的前提，而开放程度和经济增长呈正相关，因此自由化是经济增长的必要条件。一般情况下，建立自由贸易区可以有效促进成员国之间福利的增加（Gottfried Haberler，1936），当已经加入了自由贸易区的国家再成立第二个自由贸易区时，该国的福利水平仍然会有较大幅度的提高（Baldwin，2008）。Greenaway 等（2002）提出以往的自由化指标的多样性导致得出的结论具有不确定性，通过使用动态面板框架和三个不同的自由化指标，得出自由化确实会影响经济增长，但并非是在短期内实现的，而会产生像 J 曲线般的时滞效应，同时研究还推断自由化作为第一步如果能立即转向贸易上的自由化时，则会对人均 GDP 的增长产生更大的影响。

如今，国际经济学家已经证明了贸易自由化在经济增长中的作用。Manwa

和 Wijeweera（2016）通过模型证明出了南部非洲国家的经济增长都受益于贸易自由化政策，其中南非在短期内的受益效果更加明显。再次从实例上证明了贸易自由化对经济增长的影响。Fukuda（2018）将微观因素即人口规模纳入到模型里面，证明出人口规模也是贸易自由化影响经济增长的一个重要方面，同时构建了一个新模型去检验贸易自由化对一个国家经济的增长和福利的影响：假设前提为在国家之中，政府进行基础研究，利润最大化的制造公司进行应用技术研究。得出的结论为：当人口规模较小时，贸易自由化将会导致更高的增长率，且这是从贸易中获利的充分条件。这个结论似乎在欧洲一些人口规模较小的国家得到了充分体现。但中国作为人口规模较大的国家同样在贸易自由化的进程中受益很大，这引起对其他变量的思考。

现实中影响经济增长的条件复杂且变动，如在难以把握的经济危机面前，找出最适宜的贸易政策总是困难的。从直观上会认为贸易自由化对经济增长的影响比较清晰可量化，但如果放在经济危机这一具有不确定性的背景中呢？其影响效果会是如何，Falvey 等（2012）证明了贸易自由化时的经济危机会影响一国在自由化后的经济增长表现。同时还通过准确的证据证明了贸易自由化可以长期促进经济增长这一结论。经济危机对一个国家进行贸易自由化的好坏影响取决于危机的性质。外部危机时的自由化可以减轻危机带来的限制，从而带来更多的增长利益。相比较而言，在内部危机期间实施贸易自由化在很大程度上会产生较低的增长前景。这对政府在不同时期采用什么样的贸易政策会有一定的借鉴作用。

以上结论从宏观层面阐释了贸易自由化对经济增长的影响。具体到乳业而言，Peng 和 Cox（2006）通过建立世界乳业模型并进行分析，他们得出结论：日本和韩国的生产者将因贸易自由化而遭受比该地区其他国家更大的损失。如果亚洲贸易往来自由化，印度将成为潜在的竞争性出口国。在全球自由贸易下，中国和印度是潜在的竞争性出口国。亚洲乳业经济部门的竞争力增强顺序是日本、韩国、东南亚、南亚其他国家、中国和印度。中国和印度的消费将因世界贸易自由化而蒙受损失，但其他国家的消费者剩余将增加。

（2）国内研究综述。

加入 WTO 以来，中国经济飞速增长，世界整体也在贸易开放的条件下逐渐繁荣，人们普遍将贸易自由化与经济增长联系起来。各国学者对贸易自由化的研究不断深入，基于中国经济的高速发展，国内学者尤其关注这个问题，无论从微观企业、自由贸易协定还是宏观的层面，都给予了丰富多层次的阐述。在有限的文献回顾中看到贸易自由化产生的多方面影响。基于国内经济发展的显著性和各国学者对中国经济发展的讨论热度，本书数据来源 CNKI。检索主题设置为“贸易自由化”，为了保障数据的准确性，在文献分类目录里面选取“经济与管理科学”与“农业科技”两个项目。经济贸易研究的层面具有广泛性和深入性，为了防止数据的遗漏，在文献选取数量上没有进行精简。

本书借助 citespace 工具对文献数据进行可视化分析，能够方便研究者对贸易自由化研究的领域、时间及重要的作者和机构进行视觉上的直观了解，有利于学者把握整体研究动态和未来研究方向，为经济贸易发展提供更多可行性建议。Citespace 是由陈超美教授研发的可视化的文献计量分析工具。在文献的数据过于庞大时，可借助 citespace 这一工具对数据进行整合，生成相关主题的图谱，从整体上剖析所研究主题的内容，发现不足之处并窥见未来发展的动态。

将时间范围设置为 1980—2019 年，时间切片为 2 年，其他选项遵循一般设置，进行逐个分析（见图 1－1）。整体呈上升和缓慢波动趋势。关于贸易自由化主题的论文发表量大致从 1980 年到 1992 年缓慢上升，1992 年到 2001 年快速增加，而从 2001 年至 2019 年论文发表量则整体保持在较高水平，略有小幅波动。这一主题的论文发表量开始呈波动下降趋势。这一趋势和中国贸易自由化的演变历程后三个阶段的时间划分一致。（中国贸易自由化的演变

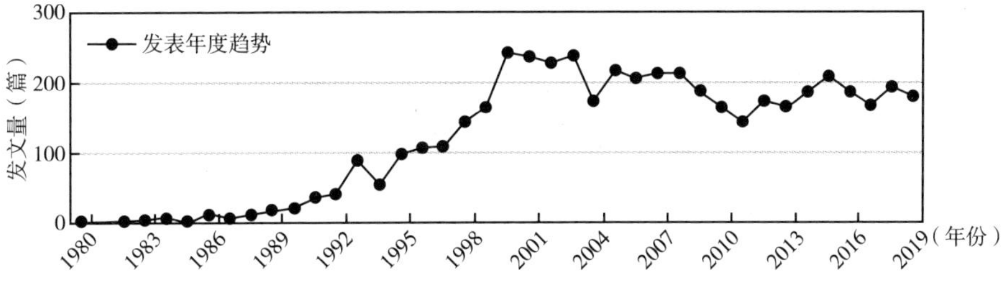

图 1－1　基于 CNKI 数据量化的贸易自由化总体趋势图

历程：1949—1978 年，国家统制型的封闭式保护贸易政策；1978—1992 年，国家统制型的开放式保护贸易政策；1992—2001 年，有贸易自由化倾向的保护贸易政策；2001 年至今，促进对外贸易发展阶段）。2001 年作为一个重要节点变化的原因是中国加入世界贸易组织，由此引发的大量新生研究热点问题引起了学者们的广泛讨论。

再观测时间段设置为“1992—2019 年”，时间切片为 2 年的共线分析图（见图 1－2）。该视图显示贸易自由化领域的研究热点。视图中的节点代表分析的对象，节点的大小显示出现频次的高低。节点之间的连线则表示共现（或共引）关系，其粗细表明共现（或共引）的强度。中间最大的节点为“贸易自由化”，出现的频次最高，与此相关的研究热点分布在周围。节点比较大的有“服务贸易自由化”“非关税壁垒”等。这一主题较早的文献有盛斌在 2002 年发表在《世界经济》上的“中国加入 WTO 服务贸易自由化的评估与分析”，在当时货物贸易还不发达的时期，学者就已经注意到服务贸易化这一方面。当时的中国刚加入世界贸易组织，贸易对经济发展的影响成为当时讨论的热点，而学者们的研究更是具有前瞻性。在周围诸多经济用语中，“农民”这个词汇似乎与整体格格不入，但引起对贸易自由化与农业领域两者关系的思考。深入查找文献后发现，早在 1999 年，《贸易自由化与中国农业：是挑战还是机遇》这篇文章已经说明学者在贸易自由化对农业的影响这一问

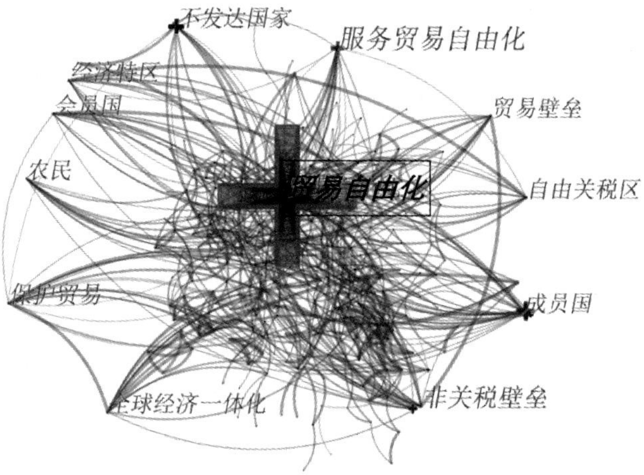

图 1－2　关键词共线分析

题上有了思考。贸易自由化的发展也带来了有关贸易壁垒的讨论，各国都在努力寻找最能保障自己利益最大化的贸易政策，这往往带来各种各样的贸易保护行为。从节点“贸易壁垒”和“非关税壁垒”上看到贸易自由化和这两项的网络联系密集，提示在提倡贸易自由化的进程中要加强合作与交流，保障自身利益的情况下与别国顺利进行商事贸易，这样也能促进经济的流通运行。

将贸易自由化与农业进行关键词共线网络分析后，发现学者在贸易自由化农业领域的研究更倾向于宏观层面。我国作为农业大国，贸易自由化在农业领域的影响不可小觑，且对各个产业的影响是不同的。中央多次下达“中央一号文件”，将农业农村农民放在首位，因此贸易自由化对具体农业产业的影响研究需要加强。图 1 – 3 反映了引用最多的前 25 个关键词被频繁引用的

Keywords	Year	Strength	Begin	End	1996—2019年
国际服务贸易	1996	3.9431	**1996**	1999	
北美洲	1996	3.983	**1996**	1999	
对外贸易政策	1996	3.7099	**1996**	1998	
亚太经合组织	1996	3.3107	**1996**	2001	
贸易协定	1996	3.245	**1996**	1998	
对外经济贸易大学	1996	5.277	**1996**	1999	
关税及贸易总协定	1996	5.3985	**1996**	2001	
进程	1996	3.9551	**1996**	1998	
美利坚合众国	1996	3.983	**1996**	1999	
关贸总协定	1996	5.6081	**1996**	2001	
投资	1996	3.7489	**1996**	2000	
乌拉圭回合	1996	3.4797	**1996**	1998	
不发达国家	1996	9.7932	**1996**	2000	
中华人民共和国	1996	3.3264	**1997**	2002	
企业	1996	3.7051	**1998**	2000	
全球化	1996	3.3496	**1998**	2001	
企业管理	1996	3.7051	**1998**	2000	
w t o	1996	5.441	**1999**	2002	
经济全球化	1996	4.9708	**2000**	2007	
农业	1996	6.1455	**2000**	2005	
世界贸易组织	1996	5.5454	**2001**	2004	
墨西哥	1996	3.6523	**2001**	2006	
农产品贸易自由化	1996	4.7925	**2001**	2004	
发展中国家	1996	7.701	**2002**	2005	
环境	1996	6.5216	**2002**	2007	

图 1 – 3 前 25 项关键词的 bursts 参数

时间段。从图中可以清晰看出讨论热度持续最长的是“经济全球化”，讨论时间集中在2000—2007年。而后期的引用热度降低，可能与这一观念已深入人心有关。“农产品贸易自由化”在2001—2004年间被引用最频繁，此时期中国刚加入世界贸易组织，是学者对贸易研究的重视在农产品领域的体现。该时间段相对较短，但中国农产品贸易的发展还没有成熟的理论体系支持，这仍需要学者们的继续关注。

1.2.1.2 贸易自由化对中国乳业的影响研究

中澳自由贸易区的建立对中国乳制品经济的发展具有较大的促进作用。而且对于乳制品贸易而言，中国乳制品需求量较大，单靠国内生产，还难以满足国人对于质和量的需求，因此中国的乳制品进口还有一定的发展潜力，在可预见的未来，中国将进一步扩大进口量（Qing - bin Wang & Robert Parsons，2010）。贸易协定的签订将进一步加大国外乳制品涌入中国（刘李峰，2006），而且在乳制品贸易过程中，当发展中国家与发达国家沿线贸易协定或组成贸易组织时，往往对于发达国家的乳制品出口更加有利（刘鸿雁、刘小和，2007），当然贸易协定的沿线对中国乳制品发展也有一定的积极影响，可以有效提高国民的福利水平（彭秀芬，2009）。李慧燕、魏秀芬（2011）利用2000—2008年的贸易流量数据，研究关税下降对于中国乳制品进口的影响，他们发现进口关税税率是影响中国乳制品进口贸易的主要因素，税率降低可以有效增加乳制品的进口量，同理关税贸易协定的沿线和相关贸易组织的成立将对中国乳制品进口产生促进作用。

1.2.2 中国乳业研究变迁

2000年，在中国加入WTO前后，在政府的扶持和社会利益的驱动下，中国乳业实现了快速发展，关于中国乳业的研究数量也快速增长。但在2008年三聚氰胺事件爆发之后，中国乳业从高速增长阶段转入清理整顿、转型升级阶段，市场波动性较大，始终未进入正常的发展轨道。早在2001年中国农村经济论坛就有学者研究加入WTO以后中国乳业的国际发展，经过20年的发展，关于中国乳业的文献在逐年增加，这些研究客观记录了中国乳业近20年的艰苦历程，这些研究成果通过知识单元或知识群的形式以文献回顾为载体呈现在相关研究中，为其提供知识基础，但有限的文献并不能反映出中国乳业研究中各知识群之间网络、架构、互动、交叉、演化或衍生等诸多隐含的关系脉络，而这些复杂的关系脉络恰好孕育着新知识的产生，因而亦未能很好地为后续研究提供热点分析及前沿探索的参考坐标。同样借助可视化的文献计量分析工具从整体上把握中国乳业的国内国际研究动态，绘制知识图谱，基于文献共被引的知识基础及主题间关系脉络，并在此基础上厘定前沿热点，是对国际农业面源污染框架研究的新尝试。以中国知网为文献检索平台，检索时间跨度为全年份（最早的研究文献出现于 1995 年，实际年份为 1995—2019 年）。保证检索准确率；为避免跨学科文献的丢失，未对文献来源进行精简，共检索有 3800 条记录。

中国乳业研究文献记录年份分布如图 1－4 所示，研究者约于 2001 年开始关注中国乳业相关问题并有研究成果呈现。1995 年 7 月 11 日，世贸组织总理事会会议决定接纳中国为该组织的观察员。1994 年就有国内学者研究中国加入以后中国乳业的国际和国内发展，2001 年 12 月 11 日开始，中国正式加入 WTO，随着中国加入 WTO 带来了关于中国乳业的国内国际发展研究的学术上的研究热潮，或许是因为 2008 年的三聚氰胺事件给全婴幼儿奶粉行业带来的伤害，重重挫伤了国人对国产奶粉的信心，也同时影响了学术界关于研究中国乳业国的国际竞争的积极性随着国内这种局面一直持续到现在。

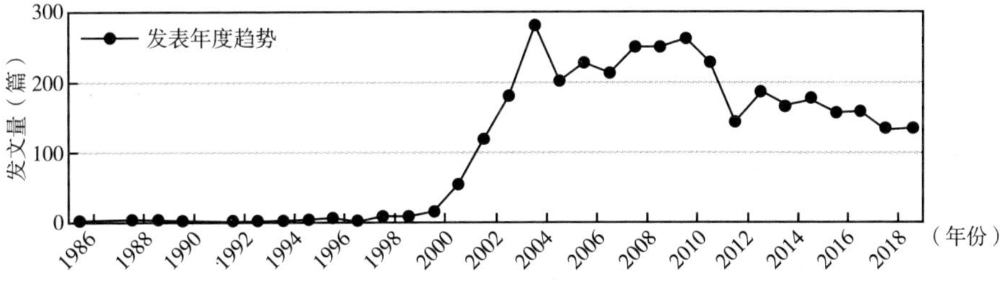

图 1－4　基于 CNKI 数据量化的中国乳业研究总体趋势图

借助 CiteSpace 对中国乳业的研究文献进行科学计量，本书通过文献共被引聚类分析绘制可视化图谱，通过解读图谱寻找研究主题演变规律，划定研究发展阶段，在此基础上寻找关键、活跃主题，探索前沿侦测热点，以客观认识中国乳业的国际发展研究全貌。将文献数据导入 CiteSpace，时间跨度设置为 1989—2019 年，时间切片设置为一年，如图 1－5 可以明显地看出关于乳品市场的文献研究时间跨度最长，说明乳品市场一直是关于中国乳业的研究热点，而市场驱动的核心力量是乳制品加工企业。所以，关于乳制品加工企业如伊利、蒙牛、三元等的研究也一直是研究的热点。这也说明了，研究中国乳业的发展问题应当以乳制品加工企业为研究的核心与重要的支撑点。

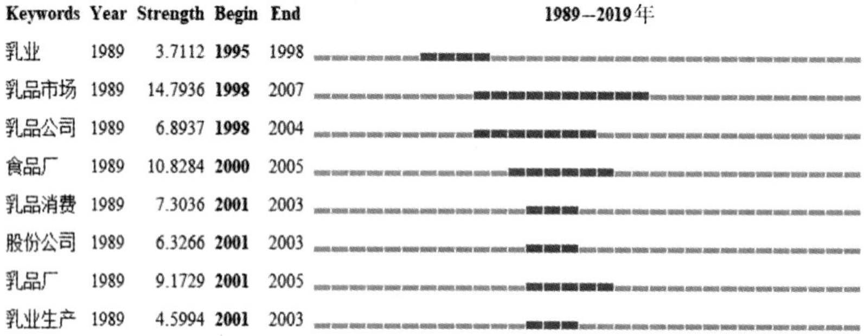

图 1－5　中国乳业研究前 8 项关键词的 bursts 参数

从图 1－6 可以看出关于中国乳业的研究主题持续期各不相同，规模最大的#0 加工厂（乳制品加工企业），聚类时间为 26 年，并且直到现在仍然属于活跃聚类。对于#11“三聚氰胺奶粉”事件发生在 2008 年，但对于中国乳业的影响巨大，并持续对市场有所影响。该事件的发生不仅仅伤害了消费者对国产奶粉的信心，更严重打击了中国的乳制品加工企业。宋亮在“三聚氰胺十周年：中国乳业进步巨大但矛盾尖锐”一文中谈道，“三聚氰胺奶粉”事件虽已过去十年，却仍然深刻地影响着整个乳品行业。

聚焦 2000 年以来的研究主要关注乳制品企业、乳制品行业、消费者、婴幼儿配方奶粉、奶粉、乳品安全、产业链等，其中关键节点主要集中在乳制品企业。国产品牌这类关键词在 2008 年和 2009 年也高频出现，伴随中国的乳业市场格局发生重大变化，一些竞争力差的中小乳品企业或被兼并或倒闭，初步形成了以伊利、蒙牛、光明和三元等十大乳品企业为主的乳业骨干。从 2009 年起，中国乳业就从单纯数量扩张阶段向整体优化结构、提高产业素质

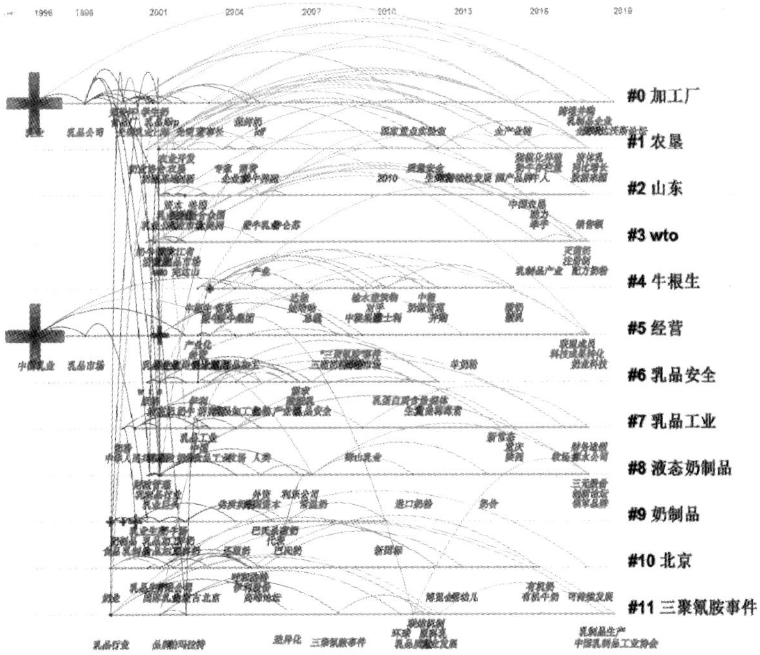

图 1-6 中国乳业的研究主题变迁

和产品竞争力阶段转变的时期。

1.2.3 中国乳业国际化发展研究

1.2.3.1 研究文献量化分析

自 2001 年中国加入 WTO 以来，中国贸易带来持续的贸易顺差，贸易经济呈现飞速增长，由此引来乳业行业学者对于国际贸易角度的高关注度，发文量高达 9 篇；接下来处于平稳状态，发文量保持在 5 篇左右；2008 年受全球金融危机影响，乳业对外贸易发文量出现波动，发文量提升至 15 篇，是 2007 年发文量的两倍；2012—2016 年，“一带一路”政策的全面推进，中国与“一带一路”沿线国家贸易增长迅速，发文量随之过度至“爆发期”，乳业的国际贸易逐渐成为研究热点，文献量直线上升，在 2016 年达到最高值 23 篇，此后关于乳业贸易的研究趋于平稳，2019 年发文量仅收录至 10 月份，较 2018 年发文量有所上升（见图 1-7）。总体来看，国内学者对中国乳业国际贸易的关注度还不够，发文数量较少，而且研究还需进一步深入。

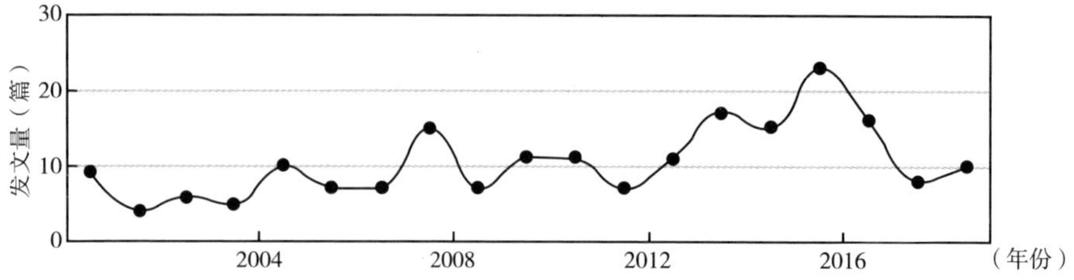

图 1－7　2001—2019 年中国乳业国际贸易发文量

为了更加清楚地了解“中国乳业国际贸易”研究领域的时态模式，对关键词文献图谱进行 timeline 呈现，得到“中国乳业国际贸易”主题文献时间轴图谱（图 1－8），该图侧重从时间维度分析“中国乳业国际贸易”研究热点的变迁与相互关系。在时间轴图谱中，横坐标为知识图谱分析的时间线（1998—2019 年），纵坐标为主题词重组后的聚类，分别为#0 乳业、#1 出口、#2 进口、#3 形势、#4wto。通过对主题词共现时序图谱的研究，结合“中国乳业国际贸易”文献的发文量分析和关键词聚类分析，进一步探究“中国乳业国际贸易”主题研究在不同时期的研究热点变迁与发展前沿。1998 年前后乳业对外贸易的主题研究较少，仅初步形成乳制品研究聚类共现，该时期文献作为参考被大量引用；2001 年至 2016 年，乳业贸易研究开始引起学者的关注，学术研究主要集中在#1 出口、#2 进口两个范畴，涉及奶制品、奶粉等贸易规模、贸易结构基本概念；2018 年以后研究重点涉及“一带一路”等主题词。

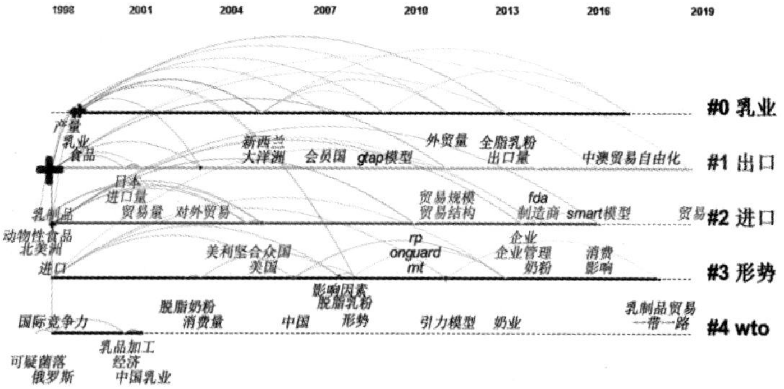

图 1－8　“中国乳业国际贸易”主题文献时间轴图谱

Citespace 中的 Burstness 功能能够发现短时间内出现频率较高的词，其被定义为新兴突显词，突显词能够揭示该领域研究的新转折与新趋势。对关键词进行 Burstness 分析后得出 25 个突显词，如图 1－9 所示。在 25 个突显关键词中，可以看出“乳业”的研究热度持续时间最长，这说明学者重视乳业的研究，其次是“大洋洲”的研究，这是由于新西兰、澳大利亚是乳业出口贸易大国，也是中国最主要的进口来源国。随着国民生活水平的提高，国民消费能力也随之增强，2017 年出现新兴突显词“消费”，学者对乳业贸易的研究热点转移至消费端，然而随着乳业对外贸易研究文献数量的增加，新兴突显词的数量却呈现下降趋势。

Keywords	Year	Strength	Begin	End	1998—2019年
液体奶	1998	2.242	**1999**	2001	
奶酪	1998	2.4326	**2000**	2005	
日本	1998	1.7243	**2000**	2001	
wto	1998	1.7243	**2000**	2001	
奶业发展	1998	1.8092	**2002**	2007	
出口	1998	1.9475	**2003**	2007	
乳业	1998	2.81	**2003**	2009	
经销商	1998	4.6171	**2004**	2009	
贸易商	1998	5.0415	**2004**	2008	
大洋洲	1998	2.02	**2005**	2011	
三聚氰胺事件	1998	1.6774	**2008**	2009	
澳大利亚	1998	2.2409	**2008**	2011	
脱脂乳粉	1998	3.3099	**2008**	2013	
黄油	1998	1.7883	**2009**	2013	
乳品	1998	2.1359	**2010**	2013	
全脂乳粉	1998	2.5208	**2010**	2013	
出口量	1998	1.8445	**2012**	2013	
乳制品产量	1998	1.8511	**2012**	2015	
中国	1998	2.3196	**2012**	2015	
奶业	1998	3.0337	**2012**	2017	
新西兰	1998	1.8281	**2014**	2017	
美国	1998	1.8884	**2014**	2015	
影响	1998	1.9419	**2014**	2016	
中华人民共和国	1998	3.1193	**2014**	2015	
消费	1998	1.834	**2016**	2017	

图 1－9 中国乳业国际贸易研究突显关键词

1.2.3.2 对外贸易对中国乳制品产业的影响研究

国际贸易格局是指世界各国国际贸易优势的比较关系。近几年来，全球的乳制品进出口地都十分集中，新西兰、欧盟等地是主要出口地，而俄罗斯、墨西哥、中国等地是重要的进口国（胡冰川等，2009）。李怡（2012）通过研究证明一国的突发事件极易影响到两国的贸易格局，并在一定的程度上改变了贸易流量。他研究证明“三聚氰胺”事件是近年来中国乳制品业发生的最为重大的突发事件，使得中国正处于发展阶段的乳制品业遭受了重大打击，消费者对于中国乳制品的信心也大不如前。国内乳制品市场的冲击必然牵动中国的乳制品进口状况，由于在进口来源国的地位，新西兰所受到的影响不容忽视。刘艺卓与田志宏（2004）认为，虽然中国乳品贸易有了较大的发展，但相对于其他农产品，乳品贸易在中国对外贸易中的地位较低，其贸易额不足农产品进出口总金额的1%。刘李峰、武拉平（2006）等学者在分析中国乳制品贸易产品结构和国别特征的基础上，主要对中新、中澳等自由区建立对中国乳制品贸易格局变化以及中欧、中国香港等贸易伙伴之间的乳制品贸易格局等问题进行了研究，认为中国应主要通过加强奶源基地建设、加大国内投入以及培育发达的市场服务体系等途径来改善中国乳制品的贸易格局。

1.2.3.3 中国乳制品企业国际化发展研究

根据上述研究文献分析，中国乳制品企业是中国乳业国际化发展的核心力量，也是引领乳业走向国际的重要桥梁。然而，已有文献针对中国乳制品企业国际化研究较为缺乏，目前仅有赵金明（2016）、张静姝（2017）、朱穗昌（2018）、景阳诺（2018）等学者针对中国乳制品企业对外投资的绩效、目标与机遇挑战等问题进行了分析。并且在这些研究中，或是仅从现有投资实践活动角度进行了理论分析，或是在实证分析过程中并没有以乳业作为企业国际化的产业特征指标，即没有突出乳业企业的特殊性。结合中国乳业发展特点和需求，针对乳制品企业国际化发展，尤其是企业对外直接投资对乳业的作用与影响等方面的实证研究还存在研究空白。

1.2.4 本书切入点

综上，关于乳制品国际贸易相关理论有较为充分和扎实的研究基础，且从理论和实证两个方面对国际贸易自由化以及国际贸易政策对国内行业国际化发展的重要影响和积极作用进行了论证。但目前对于贸易自由化背景下中国乳业的国际化发展问题，文献多集中在政策分析和趋势分析，而从实证层面分析中国乳业国际化发展的文献则相对较为缺乏。同时现有文献鲜有针对以中国乳制品企业为着力点的中国乳业国际化发展的模式与路径研究。本书将通过量化分析中国乳业的国际化发展的水平与影响，总结当前中国乳制品企业国际化发展模式，研究中国乳业的国际化发展路径对乳业产业结构升级的作用。

1.3 研究目标与研究框架

1.3.1 研究目标

（1）基于宏观经济视域，在签署 FTA 协定与引领“一带一路”新贸易关系的多边发展过程中，在中国积极参与国际自由贸易的大背景下，乳业贸易自由化程度不断提升，进一步结合全球乳业产业分工与中国乳业转型升级发展需求，研究贸易自由化对中国乳业贸易发展产生的现实影响与预期效应。

（2）基于产品生命周期理论与国际直接投资理论，分析中国乳业国际化发展的内在动因、外在环境，以及采用的主要模式与重点内容。具体研究乳业在国际化发展过程中，主要的产业链环节与面临的主要问题。

（3）基于微观经济视域，研究中国乳制品企业如何利用贸易自由化的发展契机，加快国际化发展进程，针对当前乳制品企业国际化发展的区位选择与贸易效应，以及乳制品企业的国际化发展对乳业产业结构升级的影响进行规范与实证分析。并结合上述分析结论，提出促进乳业国际竞争力水平的全面提升、促进乳业转型升级的对策建议。

1.3.2 研究技术路线

本书采用“理论分析→比较研究、实证研究→对策建议”的技术路线，见图 1 - 10。

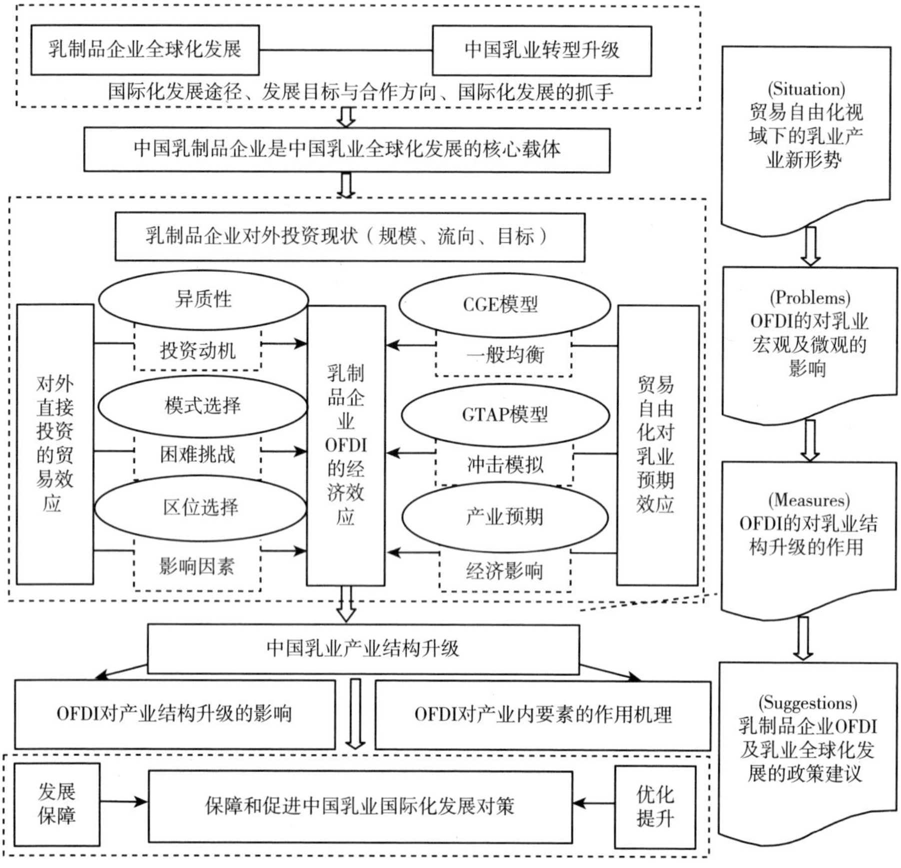

图 1-10　研究技术路线图

1.3.3　全书章节安排

全书结构共分为九章，其中第一章、第二章阐述研究的总体设计与研究理论基础。第三章至第七章分析核心研究问题，第三章为世界及中国乳业自由贸易现状分析，第四章从“一带一路”倡议及“中-新”、“中-澳”自由贸易区两个层面分析贸易自由化对中国乳业贸易发展的影响，第五章利用 GTAP 模型分析贸易自由化对中国乳业的经济预期影响且是对第四章的延伸，第六章、第七章从中国乳制品加工企业视角分析乳业国际化发展的动力、模式、区位选择及对乳业贸易的影响，第八章进一步分析乳业国际化对乳业结构升级的作用，第九章为研究结论与政策建议。具体内容如下：

第一章为导论。该章是研究的起点，首先介绍选题背景和研究意义，其次回归国内外文献并确定研究切入点。基于此提出研究目标及实现的技术路线。最后介绍本书的章节内容安排与创新点及不足之处等。

第二章为主要概念界定与理论基础。首先，通过对研究所涉及的核心概念如乳制品、乳业、贸易自由化、国际化发展等进行界定、明晰研究范畴，并明确两大研究落脚地即贸易自由化与国际化发展之关系。其次，梳理研究采用的分析理论框架，主要涉及比较优势理论、区域经济一体化理论与国际直接投资理论，并基于理论梳理构建研究理论分析框架。

第三章为世界及中国乳业自由贸易现状分析。首先对世界范围内主要乳制品生产贸易国家乳制品贸易特征进行总结，并对中国的乳制品贸易现状进行分析。其次展开比较性研究，从中国乳业的国际竞争力及其影响因素层面分析目前的在世界乳业自由贸易中中国乳业的地位。

第四章为贸易自由化下中国乳业贸易发展影响研究。从本章开始，将贸易自由化发展背景与中国乳业的国际化发展实践结合起来。首先就当前“一带一路”倡议与“中国－新西兰”、“中国－澳大利亚”两个FTA的建议对中国乳业贸易发展、中国乳业全产业链的现实影响进行定性与定量分析。此外，由于“一带一路”倡议背景下，对中国对外贸易发展所带来的深远影响在乳业贸易方面的具体体现进行预期的量化分析，采用紧密度、影响因素与贸易发展潜力测算等手段分析“带路”地区的乳业贸易潜力。

第五章采用可计算一般均衡研究工具，实证分析贸易自由化对中国乳业产业发展的预期经济效应，主要从关税减免、运输系数提升、贸易壁垒的双边削弱等角度进行了政策模拟，并从对贸易伙伴国之间社会福利水平及GDP水平的宏观效应、中国国内乳业生产及价格水平的微观效应两个方面进行了冲击效应分析。

第六章为中国乳业国际化发展动因、模式与挑战。在分析国际化发展背景的基础上，结合中国主要上市乳制品企业国际发展实践活动，阐述中国乳制品企业国际化发展的内部与外部动因、战略布局与主要模式以及在国际化发展过程中面临的主要困难与挑战。

第七章同样基于企业微观视角，研究中国乳制品企业国际化发展对中国乳业贸易的贸易替代与贸易促进两种效应的综合效果。首先对中国乳制品企业的国际化主要基于对外直接投资（OFDI），从投资的规模、区位选择与贸易壁垒等角度说明投资特点。其次，具体研究在区位选择上的影响因素，辨析中国乳制品企业对外直接投资的目标与趋势。最后利用面板数据实证分析OFDI对乳业的综合贸易效应。

第八章为中国乳业国际化与产业结构升级实证分析。该章为研究的关键目标，即宏观评价中国乳业国家化对乳业产业发展的综合影响。基于国际贸易过程中对国内产业影响的量化评价体系，通过GLM模型分析乳制品企业的对外直接投资与中国乳业转型升级之间的线性关系，对中国乳业是否应该走国际化发展路径的研究假定进行了回答。

第九章为本书的总结，并给出了对策建议。

1.4 研究创新点与不足之处

（1）研究的创新点。

第一，不同于以往的产业视角，本书基于中国乳制品企业微观视角，分析在贸易自由化下中国乳业海外发展的动力、模式与主要挑战，并针对中国乳业“走出去”进行路径分析，针对性更强，视角更微细和新颖。

第二，在贸易自由化背景下，采用GTAP模型模拟中国乳业与贸易伙伴国之间的经济效应，以关税、技术性贸易壁垒、运输技术系数为内生变量，研究不同情境下中国乳业生产、贸易数据可能变化，以及国民经济受到的可能冲击，是应用一般均衡理论解释中国乳业贸易冲击预测探索性研究，并纳入了“一带一路”背景影响，均具有一定的创新性。

第三，采用国际创业范式实证研究了中国乳制品企业国际化发展OFDI区位选择、贸易效应以及对乳业结构升级的作用机理，构建了“贸易自由化—乳业国际化—产业结构升级”的逻辑研究框架，结果指向明确，对新形势下中国乳业的优化升级发展指明了路径，具备一定的创新价值与政策实践参考价值。

（2）研究的不足之处。

第一，乳业国际化概念需要明确的权威界定。由于目前对于乳业国际化缺乏权威的概念界定，现有研究多基于各自研究视角展开，研究结论的权威性和应用价值受到一定影响。在本书中，为了保证研究的稳健性避免这一问题的干扰，采用了两维研究方法，从中国乳制品的参与乳制品进出口贸易的宏观维度和乳制品企业国际化发展的微观维度进行分析，从而保证了研究的全面性。但在微观层面，仅从最具有国际化发展经验的加工业环节进行了分析，对于产业链前后端的国际化研究欠缺，有待后续完善。

第二，中国乳业国际化与产业结构升级的路径设计是一项理论与实践相结合的科研工作。根据本书落脚于乳制品加工企业的国际化发展视角，研究需要获取企业全面的国际投资、贸易、技术与人员合作以及未来发展规划与目标等数据与信息材料，但涉及企业战略发展核心层面的数据获取较为困难。为解决此问题，本书涉及6家乳制品加工企业全部为上市企业，有较为全面的企业经营数据的披露，其投资、经营、效益等数据具有较高的可靠性。但由于研究无法直接获取企业国际化发展战略规划，研究过程与结论存在口径差异，后续计划开展深入的企业级调研。

第二章　主要概念界定与理论基础

中国乳业的国际化发展涉及复杂的国际经济交换活动与产业内生性与外延性发展需要，所以需要构建严谨的理论逻辑框架指导数据资料的收集与分析的具体展开，才能最终把握研究主体的经济规律、揭示发展本质。本章首先对乳业的相关核心概念进行界定，其次详细论述主要依托的研究理论基础，最后阐述分析贸易自由化背景下中国乳业国际化的逻辑分析框架。

2.1　主要概念界定

2.1.1　乳制品

乳制品是食品工业领域中的重要产品，它作为一类食品名词已经在世界各国使用几十年，其定义与含义早已由国际乳品联合会（IDF）法规专业委员会讨论通过并在许多国家执行。IDF法规专业委员会将乳制品定义为以牛乳或其他动物乳为主要原料并经过正规工业化加工而生产出来的产品。中国国家发展和改革委员会于2009年修订的《乳制品工业产业政策》中，将乳制品定义为“以生鲜牛（羊）乳及其制品为主要原料，经加工制成的产品”。

乳制品类型：乳制品种类繁多，在修订后的《乳制品工业产业政策》中，乳制品被划分为6大类，具体类型的划分及解释见表2－1。

表 2－1　　　乳制品类型

主要类型	具体形态	主要内容
液态乳	杀菌乳	以生鲜牛（羊）乳为原料，经巴氏杀菌处理制成液体产品，生鲜乳中的蛋白质及大部分维生素基本无损。杀菌乳不能常温储存，需低温冷藏储存，保质期为 2—15 天。
	灭菌乳	以生鲜牛（羊）乳或复原乳为主要原料，添加辅料或者不添加，经灭菌制成的液体产品，由于生鲜乳中的微生物全部被杀死，灭菌乳不需冷藏，常温下保质期 1—8 个月。
	酸乳	以生鲜牛（羊）乳或复原乳为主要原料，添加辅料或者不添加，使用嗜热链球菌、保加利亚乳杆菌的菌种发酵而成的产品。
乳粉类	乳粉	以生鲜牛（羊）乳为主要原料，添加辅料或者不添加，经过杀菌、浓缩和喷雾干燥所得到的粉状产品。可分为：全脂加糖类、全脂类、低脂类、脱脂类、调味类和配方类。
	配方乳粉	以生鲜乳或乳粉为主要原料，去除了乳中的某些营养物质或强化了某些营养物质（也可能二者兼而有之），经加工干燥而成的粉状产品。
炼乳类	炼乳	以生鲜牛（羊）乳或复原乳为主要原料，添加或不添加辅料，经杀菌、浓缩，制成的粘稠态产品。
乳脂肪类	乳脂肪	以生鲜牛（羊）乳为原料，用离心分离法分出脂肪，此脂肪成分经杀菌、发酵或不发酵等加工过程，制成的粘稠状或质地柔软的固态产品。可分为：稀奶油、奶油、无水奶油。
干酪类	干酪	以生鲜牛（羊）乳或脱脂乳、稀奶油为原料，经杀菌、添加发酵剂和凝乳酶，使蛋白质凝固，排出乳清制成的固态产品。
	干酪素	以脱脂牛（羊）乳为原料，用酶或盐酸、乳酸使所含酪蛋白凝固，然后将凝块过滤、洗涤、脱水、干燥而制成的产品。
其他乳制品	乳糖	用乳清（生产干酪和干酪素时的副产品）作为原料，经分离、浓缩、结晶、干燥，制成的晶体粉末状物。
	乳清粉	原料是乳清，通过一系列加工步骤制成的一种粉末状物。
	复原乳	又称“还原乳”或“还原奶”，是指把乳粉作为核心原料，添加适量水制成与原乳中水、固体物比例相当的乳液。
	发酵乳	以生乳为原料添加乳酸菌，经发酵而制成之饮料或食品，大多尚经过调味。发酵乳又称优酪乳，固体状的又称优格。
	地方特色乳制品	使用特种生鲜乳（如水牛乳、牦牛乳、羊乳、马乳、驴乳、骆驼乳等）为原料加工制成的各种乳制品，或具有地方特点的乳制品（如奶皮子、奶豆腐、乳饼、乳扇等）

资料来源：作者整理。

由表 2-1 可知，乳制品一般包含液态奶和干乳制品，液态奶包含酸奶和鲜奶，干乳制品包括奶粉、乳清、炼乳、奶油、奶酪等，目前来看，不同类型乳制品对运输和储存的需求分别为：

（1）巴氏奶。也称低温杀菌乳，保质期较短，一般为半个月以内，保留了生鲜乳中约 80% 的营养物质，以及一些对人体有益的微生物，这种乳制品从“生鲜乳的采集—乳制品加工—乳制品运输和销售”全部环节均需保持在 0℃—4℃，否则会造成营养物质失活和腐坏。

（2）酸奶。保质期一般在 1 个月以内，也属于保质期较短的乳制品，能够促进消化系统的平衡和新陈代谢，需要运用冷藏车进行冷链运输，在销售时也需要储存在冷柜当中，实现保鲜的目的，保存温度宜为 -4℃—4℃。

（3）冰淇淋、活菌型乳酸菌饮料等冷饮。冰淇淋是以乳制品（奶粉、奶油等）以及饮用水等为主要原料制成的冷冻型饮品；活菌型乳酸菌饮料是以生鲜乳、蛋白乳等为主要原料，在无菌环境下借助乳酸菌发酵剂进行乳酸菌发酵而形成的一种活性饮品。二者皆具有保质期短和营养丰富的特点，需要冷冻冷藏来保持其品质。

（4）UHT 奶。也称常温奶，此类乳制品生产时经历高温灭菌，因此具有基本不含细菌的特点，保质期较长，一般可达到 6—12 个月，其储存方式较为简单，无需低温储存，满足了当下无从冷藏储存条件的消费者的消费需求。但其中的活性物质和维生素因破坏严重而含量较少。

乳制品的特点：乳制品作为农产品的一种，具备了农产品的特点，如种类繁多、数量较大、对销售渠道功能要求高、生产的地域性与消费的普遍性的矛盾等。除此之外，与一般的农产品相比，乳制品还具有自身的一些特点，如营养丰富、保鲜期短、供给滞后期长、生产分散、流通广阔、产品同质化高以及需求弹性大等。

2.1.2 乳业

本书所称“乳业”为一般意义上的奶业。由于奶类产品既包括奶农生产的生乳，也包括乳制品加工企业生产的各种乳制品，这种情况在其他奶业大国同样由于合作社形式的普遍存在而难以区分。考虑到现有多数研究论文中称谓的习惯及一般统计年鉴的定义，本书将奶农的生产环节与乳制品企业的加工环节合在一起称作“乳业”，这种定义与迈克尔·波特的产业定义方法也是相契合的，即产业是生产直接相互竞争产品或服务的企业集合。奶农或奶牛养殖场也是一个独立的经营单位，其与乳制品加工企业之间，既有上下游关系，又有替代或竞争关系，所以在此采用了广义的奶业定义，将这两个密切相关的环节一并称作“乳业”。

本书对奶制品、乳制品、乳品等不做过细的区分，一般均称为乳制品。在目前各国广泛采用的《商品分类和编码协调制度》（HCDCS）中，对“乳”（Dairy produce）的商品分类也基本涵盖了所有乳及其制品，包括各类乳及奶油、酸乳、乳清、黄油、乳酱、乳酪和其他编号未列名的含天然乳的产品及其他从乳中提取的脂和油等。

2.1.3 贸易自由化

所谓“贸易自由化”，是指一个国家在国际贸易中，通过国内立法和签署国际协议，逐渐减少对有形及无形贸易以及与贸易相关的要素流动、技术合作等活动在国际间流动的行政干预，适度放松贸易限制，从而优化本国资源配置和提升社会福利的过程。简而言之，贸易自由化就是一个对国际贸易逐渐放松限制、减少干预的发展过程。

贸易自由化以亚当·斯密绝对优势理论和大卫·李嘉图的比较优势理论为理论基础。该理论体系认为，各国在具有绝对或相对较高生产效率的领域进行专业化生产，并通过国际贸易实现财富积累和福利提升。此后，保罗·萨缪尔森进一步论证了自由贸易带来的好处。然而现实情况与理论模型并不完全相符：各主权国家在施行对外贸易政策时，不仅考虑优化资源配置和获得国际贸易的利益，还必须考虑到国防安全、文化习俗、社会道德、民族产业、外交关系等各种因素，由此会采取各种保护性措施对自由贸易加以限制。例如，15、16 世纪的重商主义时期，出现了限制进口、鼓励出口的保护主义贸易政策，而时至今日全球贸易中普遍存在的技术性和非技术性的贸易壁垒也制约着贸易的自由化发展进程。综上可以看出，贸易自由化并非绝对概念，贸易自由化发展与贸易保护主义一直交错存在，仅在特定的时空范围贸易政策在两者中会有所侧重。

本书中贸易自由化特指FTA贸易自由协定的签署与中国提出的“一带一路”倡议。FTA不仅能够为成员国带来贸易红利，更可以帮助一些大国巩固传统外交关系和建立新的地缘政治体系。早在20世纪90年代，欧美等发达经济体就着手将FTA作为推动贸易自由化进程发展的重要手段，如欧盟、美洲自由贸易区、南方共同市场、西非国家共同体等。且与WTO相比，FTA具有见效快、程序简单等优势，降低政治冲突成本，已逐渐成为世界范围内建立区域贸易自由的主要手段。中国提出的“一带一路”倡议本质也是推动区域内自由贸易，且中国积极与“带路”沿线国家和地区建立FTA，使得“一带一路”倡议成为了推动FTA的重要措施，两者之间具有耦合机制，同时又具有合作机制的互补性。

2.1.4 国际化发展

2.1.4.1 国际化发展的内涵

目前，学术界对于“国际化”还没有形成统一的概念，多为基于不同研究领域、不同层面的描述性定义。具体到经济领域，有“企业国际化”，指一个企业的生产经营活动不局限于一个国家而面向世界经济舞台，旨在通过国际市场去组合生产要素、实现产品销售，以获取最大利润；也有“货币国际化”，“指一国货币随着本国商品贸易和服务贸易在国外市场扩展，在本币职能基础上，通过经常项目、资本项目和境外货币自由兑换等方式流出国境，在境外逐步担当流通手段、支付手段、储藏手段和价值尺度”① ……

虽然“国际化”的概念边界没有明确界定，但各具象概念都强调两个核心特征，即国际化涉及两个及以上的国家（地区），是一种双向交流的活动，既包含“引进来”，也包含“走出去”。“国际化”的内涵涉及政治、经济、文化、社会的各个方面，其中经济国际化是最为核心的内容。20世纪50年代以来，国际要素和资本流动日益频繁，各国国际贸易政策虽仍左右摇摆但总

① 张晓磊．浅析人民币国际化路径选择［J］．现代经济信息，2012（18）．

体偏向开放，全球经济国际化进程不断深化。从20世纪70年代开始，大量西方学者投身到经济国际化的研究中，其中美国学者理查德·罗宾逊在《企业国际化导论》中提出，经济学中的“国际化是指企业有意识地追逐国际市场的行为体现，包括产品和生产要素的国际流动等”[①]。罗伯特·基欧汉和海伦·米尔纳（2003）在《国际化与国内政治》一书中认为“国际化是通过贸易在国内生产总值（GDP）中所占比例或一个国家的净国外投资额与其国内总资产比率的变化来定义的，是交易成本潜在变化产生的过程所造成的可以看得到的货物、服务和资本流动。”[②] 从上述概念界定可以看出，西方学者研究经济国际化问题多从微观层次入手。然而事实上，经济国际化并非仅局限于微观层面，它涉及一国经济的跨境发展，并逐步与别国经济乃至世界经济相互联系、相互渗透的过程，例如目前中国开展的“一带一路”建设，就是典型的国家型国际化发展。

本书所指国际化是从经济角度分析特定产业的国际化发展：是在一个国家或地区的经济水平发展到一定程度的前提下，其特定产业的部分环节超越地域界限向外延伸，通过参与国际分工与合作，与世界其他经济体的相关产业形成紧密联系的过程。特定产业的国际化同时还表现为一国（或地区）不断开放其国内市场并逐步融入国际经济市场，既包括外向型的国际化（即“走出去”），也包括内向型国际化（即“引进来”），使国内外经济形成同频共振的联动体系。

2.1.4.2 乳业国际化发展的特征识别

（1）资本国际化。从概念上来说，资本国际化是指资本活动越出国家界限，在国际范围内不断运动的过程，包括贷款、援助、输出、输入、投资、债务的增加、债权的取得、利息收支、买方信贷、卖方信贷、外汇买卖、证券发行与流通等。资本的国际流动会影响商品的流动和实物等社会资源的配置，对世界生产力的发展起有力的促进作用。资本国际化的根源在于资本无

---

① 理查德·罗宾逊．企业国际化导论［M］．马春光译．对外贸易教育出版社，1989.

② 罗伯特·基欧汉、海伦·米尔纳主编．国际化与国际政治［M］．北京：北京大学出版社，2003.

限增值的本性，现代交通运输和通信技术的发展为其创造了便利条件。从乳业发展的资本国际化来说，主要体现在产业资本国际化流动，具体表现为经营管理资本、乳业生产性资本和乳制品商品资本等的国际化。随着2010年光明收购新莱特打响中国乳业国际化第一枪，中国乳业主要依托乳制品加工企业的海外投资活动，逐渐实现了产业资本的国际化发展，目前乳业资本国际化的主要特征表现为：①乳业生产资本日益国际化，表现为国际生产合作和海外生产基地的建立；②中国大型乳制品企业成长为跨国公司，并与国际银行开展了资本的国际运作；③国际乳制品企业在中国开展了大规模生产合作、品牌营销、技术研发等投资活动。

（2）生产国际化。从概念上来说，生产国际化是生产超越国家的疆界，在国际范围内形成一个相互依赖的有机整体的过程，涵盖生产要素国际化、产品国际化、生产过程国际化和科学技术国际化等领域。机械化工业大生产的出现，使生产国际化进入早期阶段；垄断资本主义的发展，使生产国际化进一步深化。新科技革命推动了世界范围内生产过程的变革，使国际分工与合作进一步向深度和广度发展。从乳业发展的生产国际化来说，主要体现在国内外原料奶资源的国际流动、乳制品国际市场的对接以及海外生产基地、产品线的建立，此外还包括伊利、蒙牛等乳制品企业的海外研发中心建立，以及科研领域的国际协同合作等。其特征主要包括：①乳及乳制品的进出口贸易总额不断上升；②国际间乳制品加工合作加强，中国乳制品企业海外生产基地的建立；③国际间乳业养殖、加工、包装、物流等新技术交流加强，技术革新速度加快；④乳业生产力水平增长。

2.1.5 贸易自由化与产业国际化的关系

（1）产业国际化是贸易自由化的必然产物。伴随国际贸易自由化、世界经济一体化的趋势日益加强，国际要素市场、商品市场的不断融合，国别市场界限趋于模糊导致要素禀赋差异限制削弱，不同国家可以通过国际分工与合作突破产业隔阂，形成国际产业链协作发展，从而促进了产业的国际化发展。同时国内外市场的接轨，也促使国内产业通过国际化发展谋求生产率提升以获得市场竞争力。

（2）贸易自由化是产业国际化的高级阶段。产业国际化与工业经济相适应，主要以商品和资本流动作为经济交往的纽带，通常是基于互补关系的垂直型国际劳动分工；而贸易自由化与信息经济相适应，在商品贸易、资本流动成倍增长的同时，在直接投资、技术转让、信息传播、人员交流等方面得到迅速发展，是以发达水平型国际分工为基础的全球市场经济。

（3）贸易自由化为产业国际化提供政策基础。产业国际化的发展是基于生产性要素流动、产品进出口贸易、资本国际融通、人员国际流动等方面的政策支撑，而贸易自由化通过多边贸易政策的调整，能够使得消除贸易歧视、扩大本国市场准入、降低贸易门槛、优化贸易条件、打通贸易通道的作用，从而促进产业国际化的发展的路径实现。

（4）产业国际化是贸易自由化的物质基础。产业国际化以线型链接方式连接双边经济体，体现的是产业外部联系和交换的关系，通过企业的跨国经营，实现国内外市场的对接，逐步实现国内外经济特定领域的相互融合、相互渗透和相互影响，最终使得不同经济体之间达成“休戚与共”利益同盟关系，从而为多边贸易自由化的形成与加深奠定了基础。

2.2 理论基础及理论启示

2.2.1 比较优势理论

17、18 世纪重商主义背景下，第一个科学论证国际贸易是“正和游戏”而非“零和游戏”的是优势理论的开创者亚当·斯密。早在 1776 年的《国富论》中，他就系统地提出了国际分工与国际贸易理论基础，他认为基于生产成本的绝对优势，各国应开展“小麦与布匹”式的专业化生产，再通过国际贸易实现社会福利提升。随后李嘉图的比较优势理论进一步延伸了优势理论的内涵与外延，将更为广泛的国际贸易行为纳入分析模型。

基于完全竞争市场假设下，李嘉图模型假定各国的要素禀赋是相同的，仅在劳动生产率上存在显著差异，而该因素具有外部性且不存在技术进步，从静态比较优势角度阐述了比较成本差异带来了专业化生产并促进了国际贸易。比较优势理论是由英国著名经济学家大卫·李嘉图提出的，是指两个国家自给自足时，若A国生产商品X相对生产商品Y而言，成本比B国较低，则A国应该出口商品X同时进口商品Y。这里涉及了两组相对概念，一个是商品X与商品Y的相对成本，一个是A国与B国相对而言。与亚当·斯密的绝对优势理论不同，比较优势理论通过这两个相对概念，证明了即便A国生产商品X的绝对成本并不一定低于B国，有可能A国生产商品X和商品Y的绝对成本都高于B国，只要存在商品X对商品Y的相对成本较B国更低，A国和B国之间仍然可以进行国际贸易，并且通过国际分工和贸易使得两国的情况都变得更好。在李嘉图的比较优势理论是建立在国家之间在不同商品的劳动生产率差异基础之上的，而劳动是唯一的生产要素，国家间由于生产技术的不同导致劳动生产率的不同，也就形成了生产成本和产品价格的相对差别。对于这个2×2×1（两个国家、两种产品、一种生产要素）模型，李嘉图两国自由贸易，没有交易费用和运输成本，还假定生产技术是外生决定的，企业的报酬与生产规模大小无关即规模报酬不变。

同一时期具有代表性的还有赫克歇尔—俄林的要素禀赋论（H－O理论），该理论研究假定条件与李嘉图模型基本一致，均为完全竞争市场假设下的静态比较优势研究。这两个模型虽然对于当时国际化分工研究的发展起到了推动作用，但由于主要基于静态比较和完全竞争市场，与现实国际贸易市场的结构与动态变化过程相脱离。

20世纪50年代以后，三个问题的产生对传统比较优势理论形成挑战：一是“里昂惕夫悖论”；二是产业内产品双向流动；三是不完全竞争市场的发展。围绕上述问题，研究人员进一步提出了一系列科学解释对比较优势理论加以补充和完善，并逐步构建了基于不完全竞争市场的比较优势模型。该模型又可以根据有无纳入时间变量进一步分为静态比较优势理论和动态比较优势理论。前者具有代表性的学者及其解释模型有：以克鲁格曼（Krugman）、斯宾塞（Spense）、布兰特（Brander）等为代表的规模经济模型和市场结构模型，以诺曼（Norman）、斯蒂格利茨（Stiglitz）等人为代表的产品差异模型。以上模型主要解释了产业内产品贸易现象。

基于不完全竞争市场的动态比较优势理论最具代表性的是萨缪尔森

（Samuelson）的要素价格均等化模型、蒙代尔（Mundell）的要素国际流动模型、雷布津斯基（Rybczynski）的要素增长模型、维农（Vernon）等人的产品生命周期理论、小岛清等人的“雁阵形态”模型、波特的竞争优势论等。以上理论模型在贸易结构的研究中引入经济增长影响，分析随着经济发展与产业机构调整，贸易结构的变化及其经济效应，将要素积累和技术进步带来的比较优势内生化与动态化。

由以上理论梳理，比较优势理论对于中国乳业国际化发展的理论启示是：①静态比较优势理论可以解释中国乳业进出口贸易的主要方式，即贸易流向和规模主要取决于两国贸易产品的相对价格差异，所以当中国与国际乳及乳制品的相对价格水平差异越大，则中国进口贸易规模越大，反之亦然；②贸易双方形成乳业相对价格差异的主要来源包括的乳业产业链各环节平均劳动生产率差异、乳业发展要素禀赋差异、乳业生产规模报酬差异、乳制品品质差异以及乳制品市场议价能力差异等。③动态比较优势理论强调分析各国乳业之间比较优势的动态变化，伴随要素禀赋的累积、技术进步、产业发育及相关产业支撑等会改善了比较优势，从而走出“比较优势陷阱”，所以中国乳业通过技术创新提升生产效率、优化产品品质、提升生产结构，可以弥补乳业发展自然要素禀赋的不足，逐渐转变净进口现状，开发国际市场。④技术变革和制度创新是改善比较优势的根本途径，中国乳业的发展需要奶牛养殖业、乳制品加工企业、乳业行业协会和政府管理机构等主体加大乳业技术创新投入、推动奶牛养殖及乳制品生产政策支持体系的制度创新。

2.2.2　区域经济一体化理论

区域经济一体化理论指出通过缔结经济条约或协议，两个及两个以上的国家（地区）在经济上连接起来，通过贸易替代或贸易创造效应，实现对资源的合理配置、发挥规模经济、促进经济增长、改善贸易条件等目标。区域经济一体化是一个渐进式发展过程，从初级到高级包括自有贸易区、关税同盟、共同市场、经济同盟和完全经济同盟物种形式。区域经济一体化理论起源于欧洲，当前欧盟（EU）、北美自由贸易区（NAFTA）以及亚洲经济合作组织（APEC）实践与发展着该理论体系。经济学者们对区域经济一体化一直保持高度关注，从静态效应和动态溢出效应两个方面开展了丰富的研究。早在19世纪，亚当·斯密、李嘉图和麦卡洛克先后都论证过关税互惠条款对两国福利的影响，使区域经济一体化理论形成的思想基础。到了20世纪，维纳（Vinerian，1950）、巴拉萨（Balasaa，1967）、克鲁格曼（Krugman，1993、1995）等学者对各自由贸易区关税同盟设立后的经济效应进行了静态比较。维纳首先提出了关税同盟理论，指一体化组织参与国间完全取消关税，对同盟外国家（地区）采用统一关税税率，他从“贸易创造”和“贸易替代”两个视角分析了关税同盟的经济效应。巴拉萨把区域经济一体化效应从一体化组织内部扩展到外部，认为关税同盟的建立对非成员国亦有提高其生产效率的积极影响。

20世纪60年代后区域经济一体化理论开始引入动态效应分析，在形成共同市场后，规模经济的形成、生产效率的提升以及投资的积累带来了经济一体化组织的技术进步与经济增长。80年代中后期至今，区域经济一体化理论研究更加细化和分散，也更注重符合各区域经济一体化组织的实践，研究也从定性分析转向定量分析。罗布森（Robson，1980）对关税同盟理论进一步拓展，提出了自由贸易区理论，认为发展中国家的国际区域经济一体化有利于实现工业化和经济发展目标，并建立了适用于解释发展中国家间区域经济合作的模型。史密斯、维纳伯斯（Smith & Venables，1988）研究了规模报酬递增、不完全竞争和市场分割对经济一体化组织成员贸易和福利的影响。克鲁格曼（Krugman，1993）证明在区域经济一体化初期，一体化会使世界福利恶化，但后期大多数国家会参与进来从而降低贸易保护程度，达到贸易自由化、实现福利最大化。同时他（1995）认为，实行区域经济一体化后，随着运输成本的下降，产业会集中在更接近市场的地方，所以核心市场的发展引导产业的聚集。

区域经济一体化理论对于中国乳业国际化发展的理论启示：（1）区域经济一体化的形成降低了原料乳及乳制品的双边关税，从而带来“贸易替代”和“贸易创造”效应，短时间内由于中国乳业生产成本的比较优势不足，中国—新西兰、中国—澳大利亚等自由贸易协定的签署会对中国乳业带来冲击，但随着共同市场的建立，新西兰、澳大利亚等乳业国际竞争力较强的地区会发挥技术外溢效应，带动中国乳业的转型升级。（2）“一带一路”倡议旨在打破国别、地区之间市场分割，促进建立统一市场，是共同市场理论的具体实践，所以“一带一路”倡议会促进中国乳业的国际化进程，同时为中国乳业的资本投融资、技术引进交流、生产要素流动等创造市场条件和基础。

2.2.3　国际直接投资理论

国际直接投资理论发端于1933年纳克斯（Nurkse）一篇题为《资本流动的原因和效应》的论文，他认为国际资本流动是由于各国间利率差异导致的，而利率差来源于各国资本的供求关系。20世纪60年代以后，随着跨国公司的崛起，经济学者们不仅从利率差差异的角度研究国际资本流向，而且开始引入产业活动、技术创新、市场驱动和产品异质性等因素对国际直接投资活动进行分析，从而确立了国际直接投资理论。当前，主流的国际投资理论包括垄断优势理论（Monopolisitc advantage theory）、内部化理论（Theory of internalization）、产品生命周期理论（Theory of product life cycle）以及国际生产折衷理论等。

垄断优势理论由美国学者海默（Hymer，1960）提出，后由其导师金德尔伯格（Kindleberger）和凯夫斯（Caves）等发展，该理论基于跨国公司在海外投资具有垄断优势（专有技术、管理经验、融资渠道、销售能力等）和不完全市场（市场存在某种障碍和干扰）假定，分析了跨国公司维持垄断高价以获得超额利润的行为方式。该理论首次将国际直接投资与国际间接投资区分开来，并提出不完全市场竞争是导致国际直接投资的根本原因，但该理论无法解释20世纪60年代后期出现的发达国家的中小企业及发展中国家的企业的对外投资活动。

“内部化”最早在科斯（Coase）的《企业的性质》一书中被提出，继而巴克雷和卡森（Buckley and Casson，1976、1978）在《跨国企业的未来》和《国际经营论》中将其提升为内部化理论。该理论认为企业对外直接投资的是指是基于管理与控制权的扩展，而不限制在资本的转移，其本质是在中间产品市场不完全竞争的假定下，为克服外部市场的缺陷，用企业的内部管理代替外部市场机制，降低交易成本，拥有内部化成本和收益带来的优势。该理论提供了优势理论之外的研究思路，从企业国际分工、国家间企业的产品交换形式与国际生产组织形式等方面研究国际直接投资的动机和行为，较好地解释了第二次世界大战以来跨国公司的迅速增加与发展，但忽视了非生产要素对跨国公司的对外直接投资的巨大影响，且没有分析世界经济结构中对跨国公司发展的各种制约因素。

产品生命周期理论代表性学者为弗农（Vernon），他在《产品周期中的国际投资与国际贸易》中将产品生命周期划分为三个阶段，即新产品阶段、成熟阶段及标准化阶段（见表 2－2）。新产品阶段，寡占者拥有技术的垄断优势，为保持优势需要投入大量的技术研发资金。生产主要集中在创新国国内，其他国家需要进口。成熟阶段寡占者的垄断优势逐渐丧失，通过将生产移植其他发达国家以绕过贸易壁垒，通过技术扩散维持超额利润，出现了发达国家之间的国际直接投资，同时由于其他发达国家仿制品的出现，超额利润削弱。标准化阶段，寡占者的技术优势和超额利润完全丧失，由于市场竞争加强，生产成本因素成为寡占者投资发展中国家的主因，从而形成了发达国家对发展中国家的直接投资活动。该理论从动态的角度解释了 20 世纪 70 年代美国跨国公司的对外直接投资行为，将国际贸易和国际投资作为整体来考察，为研究跨国公司的成长提供了一个有力地分析工具，但对于国际分工中垂直性的投资、发展中国家与发达国家交叉投资、海外研发与跨国生产等现象缺乏解释力。

表 2－2　　产品生命周期阶段

产品生产周期阶段	生产主体	技术特点	市场特点
新产品阶段（发达国家国内生产阶段）	新产品发明国家内生产	技术创新并垄断	国内市场为主，出口海外
成熟阶段（海外发达国家投资）	其他发达国家	技术趋于成熟	仿制品出现，降低生产成本成为主要竞争力
标准化阶段（发展中国家投资）	发展中国家	技术标准化，技术垄断优势消失	价格是主要竞争力基础，发明国转为进口国

资料来源：作者根据相关理论资料整理。

国际生产折衷理论是邓宁（Denning，1977）的论文《贸易、经济活动的区位与跨国企业：这种理论探索》中首次提出的，他认为跨国企业拥有所有权优势（一国企业拥有别国企业无法得到的无形析产和规模经济等方面的优势）、内部化优势（企业为避免外部市场缺陷的影响，将企业优势保持在企业内部）以及区位优势（东道国投资环境和政策方面的相对优势）的不同组合，决定了其从事的国际经济活动方式（见表2－3）。只有当三种优势同时具备时，才能进行对外直接投资。该理论对国际直接投资理论体系进行了补充，构建了国际贸易、对外直接投资和国际协议安排三者的统一理论体系，将外国直接投资（FDI）与产业乃至国家的经济发展阶段联系起来。其局限性主要表现在对于跨国公司对外直接投资的多元化目标解释不足，仍然针对发达国家进行研究，对于发展中国家的跨国公司的国际直接投资活动阐述不足。

表2－3　　　　　　　　优势基础与经济活动方式

国际经济活动方式	优势		
	所有权优势	内部化优势	区位优势
对外直接投资	有	有	有
出口贸易	有	有	无
技术转移	有	无	无

资料来源：作者根据相关理论资料整理。

当前，经济学界对于发展中国家的直接投资理论体系也逐步建立，例如资本相对过度积累理论、小规模技术理论、技术地方化理论、技术创新产业升级理论、投资发展周期理论等，这些理论充分发展的国际直接投资理论体系，针对发展中国家的对外直接投资行为或可能性进行了科学的论证，对于分析产业相对发展滞后地区在国际竞争中的发展具有启发价值，形成了发展中国家通过对外投资加强技术创新与积累，进而提升产业结构和国际竞争力的指导性发展思路。

国际直接投资理论对中国奶业国际化发展的理论启示：（1）国际化是产业发展阶段的必然选择，是促进产业技术创新、竞争力提升的重要的途径，所以国际化发展才能推动中国奶业优化升级的实现。（2）国际直接投资活动的开展是国际化发展的基础与必然选择，中国奶业的国际化发展需要依靠产业的对外直接投资活动支撑。(3) 根据国际直接投资理论的研究成果与具体经济实践可以发现，投资的主体是具有国际化发展能力的企业，所以中国奶业国际化过程中对外直接投资活动的核心力量来源于中国大型乳制品加工企业。(4) 通过对外直接投资有利于优化中国乳制品加工企业资源配置结构，提升国际竞争力与技术积累水平，并促进中国乳业的产业结构优化调整和整体产业水平提升。

2.3 理论分析框架

本研究从贸易自由化与乳业国际化发展两条路径出发展开中国乳业产业结构升级理论阐释与实证研究。为了突出问题研究的关键与思路，从贸易自由化的现实影响与预期效应、乳业国际化的走出去与引进来等四个层面提取中国乳业结构升级的核心逻辑与实现机制。

第一，中国参与的贸易自由化实践活动是本书的历史背景，也是中国乳业国际化发展的加速机制。基于比较优势理论与国际经济一体化理论框架，贸易自由化带来了国际分工与合作以及社会福利的提升，通过降低成本效应、抑制要素错配效应、竞争升级效应等多种机制促进了产业链升级。从中国－新西兰、中国－澳大利亚自由贸易协定的签署，再到“一带一路”倡议下广泛开展的国际合作，贸易自由化从现实与预期两个方面为中国乳业发展参与国际产业分工、共享国际要素流动、产业动态比较优势形成、进口冲击响应、产业安全管理、贸易潜力发展等方面均带来了正负双向影响，而这些影响倒逼中国乳业不断提升产出效率与竞争力，适应国际化市场发展需要，重新配置乳业资源与进行专业化生产，有助于中国乳业结构优化的实现。因此从现实影响方面主要从贸易环境转变、贸易条件调整、市场竞争水平、产出效率优化等四个角度分析。而贸易自由化对于中国乳业未来的国际化发展过程中的预期影响主要涉及贸易壁垒的不断削弱、生产要素与产品价格的国际对接、国际化仓储物流网络的预期建立、国际乳业分工的进一步深化等，所以从国际贸易交易成本变动、要素及产品价格变化、运输成本节省等方面开展具体分析。

第二，中国乳业国际化是在贸易自由化背景下开展的产业发展实践，通过“走出去”与“引进来”双向对接实现。在“走出去”方面通过建立自由贸易区和“一带一路”倡议下的贸易交流与发展，在中国乳业国际贸易格局部署、贸易条件调整、贸易潜力挖掘等方面带来机遇与挑战。基于国际直接投资理论，以中国乳制品加工企业为核心开展的大量海外直接投资活动是中国乳业国际化的主要实现路径，通过海外直接投资对乳制品加工企业的海外市场拓展、产品线的发展等方面分析其作用，同时对于海外直接投资带来的贸易替代和贸易促进两方面的效应进行分析。在“引进来”方面主要基于自贸易区建立之后进口量大幅提升的现实情况开展产业损害分析，以量化进口对于产业安全的影响。此外，“引进来”还体现在对全产业链的影响，尤其对于养殖业、加工业在技术积累与交流、成本控制与优化等方面作用进行分析。

综上，本书基于贸易自由化与乳业国际化的分析逻辑框架，研究贸易自由化条件、国际化路径对中国乳业产业结构升级优化的作用机理（详见图 2－1）。

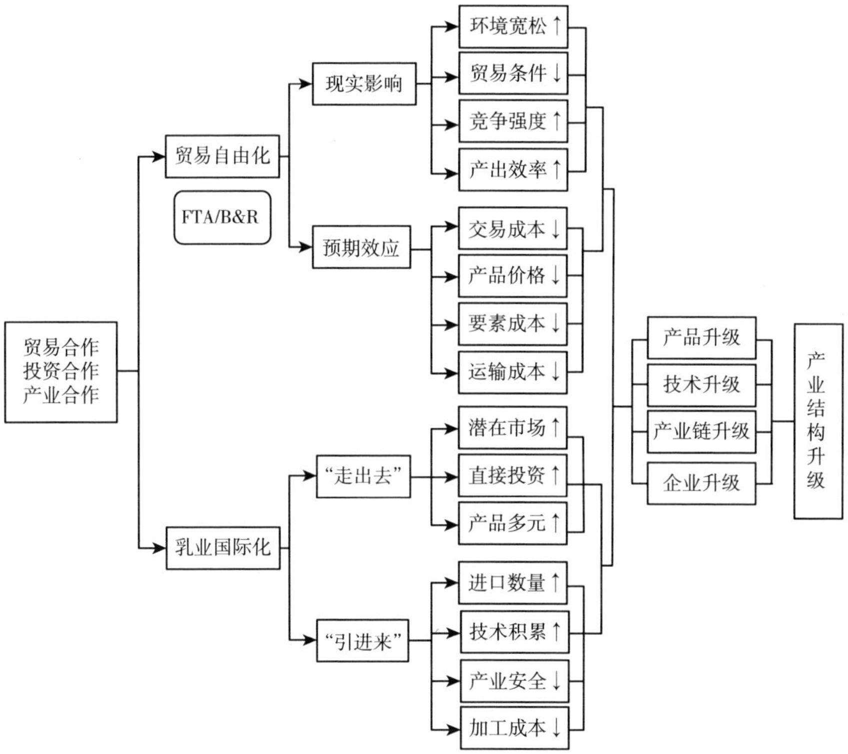

图 2－1　研究逻辑框架

2.4 本章小结

本章首先对乳制品、乳业、贸易自由化和国际化发展等核心概念进行了界定，借以明确本书的研究范畴。同时，将核心概念中贸易自由化与产业国际化发展两个核心概念之间的逻辑关系进行了阐述，也说明了本书的立论角度与研究起点。其次，对本书需要运用的比较优势理论、区域经济一体化理论、国际直接投资理论等相关理论的发展脉络进行梳理，并在此基础上对各种理论可以提供研究贸易自由化下中国乳业国际化发展的相关支撑与指导进行了阐释。最后基于贸易自由化的“现实影响”“预期影响”和乳业国际化的“走出去”“引进来”四个方面的对于中国乳业结构升级的逻辑构建了本书的理论分析框架。

第三章　世界及中国乳业自由贸易现状分析

根据《中国奶业统计摘要》数据，2010年以来中国牛奶产量位居世界前三位，且2016年升列第二位，属于乳业生产大国。然而，与此同时，中国乳业长期依赖进口，且进口产品结构及进口来源地集中，国际竞争力提升问题一直困扰中国乳业的发展。同时中国乳业内部成本、技术、消费、产业链发展、质量安全等问题，使得产业发展瓶颈显现。本章从世界及中国乳业贸易基本情况展开，并进一步分析中国在国际乳业贸易中的地位与影响国际竞争力的主要因素。

3.1　世界乳制品贸易演变特征

3.1.1　贸易规模持续上升

根据表3-1可知，1998—2017年世界乳制品贸易额总体呈现持续上升的波动特征。从总贸易额来看，1998年世界乳制品总贸易额为520.31亿美元，2017年为1462.68亿美元，年均增长率为6.53%。从进口额来看，1998年世界乳制品进口额达到253.75亿美元，2017年为705.5亿美元，年均增长率达到6.41%。从出口额来看，1998年世界乳制品贸易出口额达到266.55亿美元，2017年为757.18亿美元，年均增长率达到6.67%。总体来看进口额、出口额和进出口额三者的年均增长率相差不大，且出口额与进口额变动趋势相同，呈现线性的变动特征（见图3-1）。

表 3 – 1 **1998—2017 年世界乳制品贸易情况** 单位：亿美元

年份	出口额	进口额	进出口额	年份	出口额	进口额	进出口额
1998	266.55	253.75	520.31	2008	663.81	629.04	1292.85
1999	248.39	249.33	497.72	2009	524.21	508.18	1032.39
2000	253.31	249.31	502.62	2010	634.44	602.49	1236.93
2001	275.76	267.70	543.46	2011	764.50	736.51	1501.01
2002	266.81	268.51	535.32	2012	738.04	708.34	1446.37
2003	322.32	323.09	645.41	2013	856.20	818.87	1675.07
2004	387.74	377.64	765.38	2014	892.79	871.22	1764.01
2005	416.94	399.10	816.04	2015	669.46	653.60	1323.06
2006	441.30	432.48	873.77	2016	654.13	635.97	1290.10
2007	569.74	552.88	1122.62	2017	757.18	705.50	1462.68

注：本书选取乳制品包括鲜奶（HS0401）、奶粉（HS0402）、酸乳（HS0403）、乳清（HS0404）、黄油（HS0405）以及乳酪（HS0406）；下表同。

资料来源：根据 UN Comtrade 数据库数据计算整理，表 3 – 2 至表 3 – 5 同。

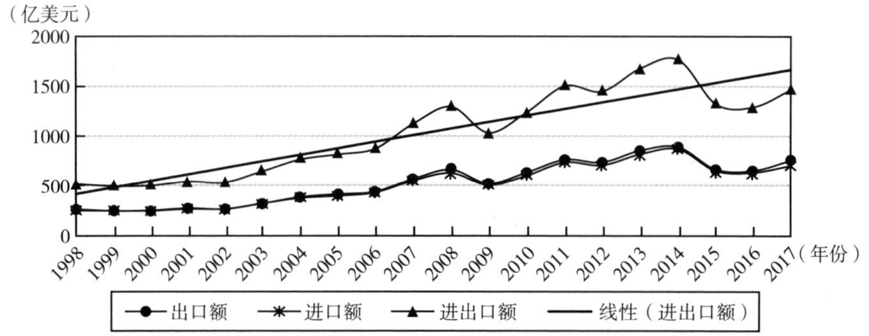

图 3 – 1 1998—2017 年世界乳制品产品出口结构

资料来源：根据表 3 – 1 制作。

3.1.2 产品结构保持稳定

从图 3 – 2（a）、（b）中可以发现，1998—2017 年世界乳制品进口结构和产品结构变化相似。从出口产品结构来看，1998—2017 年，世界各乳制品出口占比波动平缓，且以干乳制品（主要指奶粉、乳清、黄油和乳酪）为主，2017 年干乳制品在乳制品出口占比高达 83.76%。另外，乳酪在世界乳制品出口比重一直居高不下，保持在 37.41%—43.77% 之间；奶粉的出口比重持续位居第二，占出口比重的 23.17%—30.34%；黄油和鲜乳的世界出口占比相当，年平均占比分别为 10.34% 和 11.32%；酸乳和乳清的世界出口比重一直较低，但是总体来看稳中有升，分别从 4.96% 和 3.76% 升到 5.32% 和 6%。从进口产品结构来看，乳酪一直是世界进口比重最高的乳制品，2017 年进口比重为 40.18%，与 1998 年相比上升 0.19%。奶粉在世界进口比重中稳居第二，1998 年比重为 25.85%，2017 年则为 22.28%，下降比例不大；鲜乳和黄油所占比例相当，平均年占比分别为 11.52% 和 10.6%；酸乳和乳清的进口比重一直较低，2017 年比重分别为 5.59% 和 6.23%。

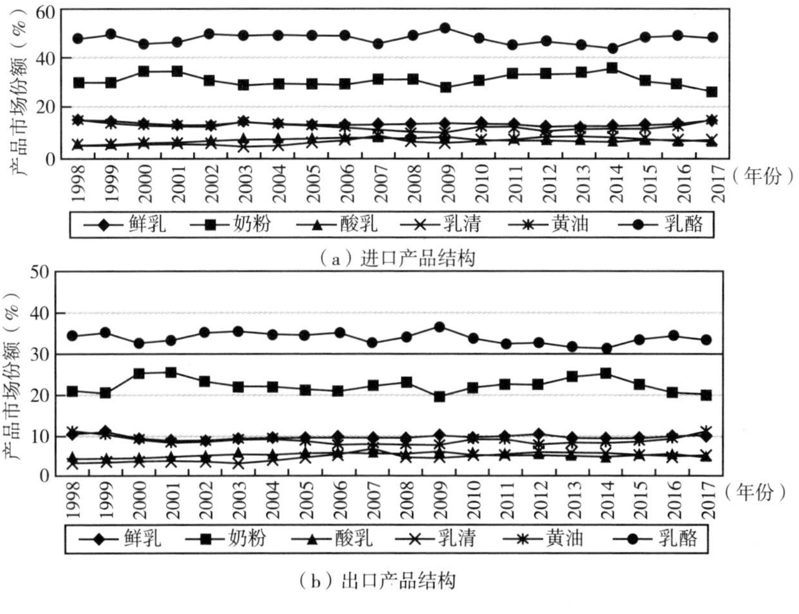

图 3-2 1998—2017 年世界乳制品产品进出口结构

资料来源：根据 UN Comtrade 数据库数据计算整理。

3.1.3 市场结构集中度高

由表 3-2 可知，世界乳制品出口贸易主要市场主要集中为大洋洲（主要指新西兰和澳大利亚）、欧洲（主要指欧盟）和北美洲（主要指美国）。1998—2017 年，新西兰、澳大利亚、欧盟和美国等国家和地区乳制品出口总额占世界乳制品出口比重一直保持在65%以上，另外，新西兰、德国、荷兰和法国一直位于世界乳制品出口市场的前四位。出口国家的出口对象国也相对集中，2017年，新西兰乳制品主要出口国主要分布于亚洲，其中中国占新西兰乳制品出口贸易市场的近1/3；荷兰乳制品出口市场主要分布于欧盟国家，其中德国占比为24.47%，比利时占比为16.3%；美国乳制品出口市场主要分布于亚洲和北美洲，其中墨西哥的占比近1/3（见表3-3）。

表3-2　世界乳制品出口市场排名前十国家以及出口比重　单位:%

1998年		2002年		2007年		2012年		2017年	
出口市场	比重	出口市场	比重	出口市场	比重	出口市场	比重	出口市场	比重
德国	17.61	德国	14.44	德国	15.27	德国	13.05	新西兰	13.10
法国	14.69	法国	13.42	法国	11.25	新西兰	12.54	德国	12.80
荷兰	13.90	荷兰	12.29	荷兰	10.25	法国	10.14	荷兰	11.68
新西兰	7.94	新西兰	9.00	新西兰	9.69	荷兰	10.06	法国	9.00
比利时	7.18	比利时	6.25	比利时	5.49	美国	5.08	美国	5.13
丹麦	5.42	澳大利亚	5.80	美国	3.89	比利时	4.62	比利时	4.94
澳大利亚	4.94	丹麦	5.13	丹麦	3.83	意大利	3.84	意大利	4.46
爱尔兰	4.23	意大利	3.76	意大利	3.70	丹麦	3.36	丹麦	3.54
意大利	3.41	爱尔兰	3.30	澳大利亚	3.54	澳大利亚	3.00	爱尔兰	3.51
英国	2.62	英国	3.04	爱尔兰	3.53	爱尔兰	2.82	白俄罗斯	2.83

表3-3　2017年世界出口市场的主要对象国以及出口比重　单位:%

新西兰	出口对象国	中国	澳大利亚	阿拉伯	马来西亚	菲律宾	阿尔及利亚	日本
	出口比重	29.21	5.04	4.78	4.27	3.7	3.69	3.42
荷兰	出口对象国	德国	比利时	法国	西班牙	英国	中国	意大利
	出口比重	24.47	16.39	10.66	3.40	3.35	3.28	3.02
美国	出口对象国	墨西哥	中国	韩国	加拿大	菲律宾	日本	澳大利亚
	出口比重	29.99	10.50	6.48	6.41	5.88	5.48	3.55

由表3-4可知，世界乳制品进口市场主要集中欧盟、中国、英国和美国，1998—2017年，德国乳制品进口贸易一直位于世界首位，且保持在9.23%以上；而中国在世界乳制品进口贸易额比重急剧上升，排名位居第二。从各国家的进口市场分析，2017年，德国乳制品进口对象国集中分布于欧盟国

家，前七位排名占比合计为79.19%；中国乳制品主要进口对象国集中分布于大洋洲、美国和欧盟国家，其中，从新西兰进口比重为56.28%；意大利乳制品主要进口对象国则主要分布于欧盟国家，其中德国比重超过1/3（见表3-5）。

表3-4　世界乳制品进口市场排名前十国家以及比重　单位:%

1998年		2002年		2007年		2012年		2017年	
进口市场	比重	进口市场	比重	进口市场	比重	进口市场	比重	进口市场	比重
德国	12.72	德国	12.03	德国	11.29	德国	9.23	德国	10.73
意大利	10.70	意大利	8.67	意大利	7.86	意大利	6.22	中国	6.84
比利时	8.13	比利时	7.03	英国	6.09	荷兰	5.07	法国	5.85
法国	7.95	法国	6.53	荷兰	5.96	英国	4.99	荷兰	5.73
荷兰	7.40	荷兰	6.45	比利时	5.94	法国	4.90	意大利	5.62
英国	6.28	英国	5.91	法国	5.86	比利时	4.88	比利时	5.58
美国	3.66	美国	4.05	西班牙	4.29	中国	4.54	英国	5.07
西班牙	3.61	西班牙	3.91	墨西哥	2.96	俄罗斯	4.34	俄罗斯	3.41
日本	2.84	日本	2.71	美国	2.91	西班牙	3.05	美国	2.74
希腊	2.15	墨西哥	2.33	阿拉伯	2.26	阿拉伯	2.62	西班牙	2.67

表3-5　2017年世界进口市场的主要对象国以及进口比重　单位:%

德国	进口对象国	荷兰	法国	丹麦	奥地利	意大利	比利时	波兰
	进口比重	27.52	13.96	9.10	8.90	7.06	6.37	6.28
中国	进口对象国	新西兰	美国	法国	澳大利亚	德国	荷兰	波兰
	进口比重	56.28	8.83	8.52	7.66	6.27	3.00	1.13
意大利	进口对象国	德国	法国	比利时	荷兰	奥地利	西班牙	波兰
	进口比重	37.26	16.88	6.99	6.41	6.34	4.24	3.16

3.2　中国乳制品贸易基本情况

3.2.1　进出口贸易规模

3.2.1.1　进出口贸易量变化情况

（1）中国乳制品进口量呈现快速上涨趋势。从2008年35.1万吨增长到

2014 年的 181.3 万吨，平均每年增长 26.8%；2015 年受到国内整体乳制品需求消费下降、奶粉库存进一步消化以及进口的成品乳制品增长速度开始放缓及原料型乳制品进口下降等原因，乳品进口总量下降到 161.1 万吨，较 2007 年下降了 11%。2016 年进口数量 195.6 万吨，同比增长 21.4%。就其原因主要来源于鲜奶、酸奶进口量的明显涨幅，鲜奶进口 63.41 万吨，同比增加 38.0%；酸奶进口 2.1 万吨，同比增长 104.3%。2017 年进口数量 217.3 万吨，同比增长 11.1%，其中酸奶进口量涨幅明显，同比增长 63.1%。详见图 3－3。

（2）受“三聚氰胺”食品安全事件影响及国内外产业发展形势变化，中国乳制品出口水平整体呈下降趋势。2008 年前，中国乳制品出口发展势头良好，但由于“三聚氰胺奶粉”事件的发生，年度内乳制品出口快速回落，但全年水平仍维持在 12.1 万吨，2009 年受该事件的继发影响，出口量快速下跌至 3.7 万吨。随后，2010 年又发生了“皮革奶”食品安全事件，进一步打压了出口行情，出口量进一步缩减到 3.4 万吨。2011—2012 年出口量有小幅回升，但 2013—2016 年受国际奶价“跳水”影响，出口又快速回落，2016 年出口量仅为 3.1 万吨，仅为 2008 年水平的 25.8%，2017 年出口量为 3.3 万吨，呈现小幅回升，近期来看，中国乳制品出口量难以恢复到 2008 年以前的水平。

（3）从出口量占进口量的比重来看，2008 年为 34.4%，随后一路下滑，2013 年后进入相对平稳期，整体有小幅度下降。2017 年比例进一步缩减，仅为 1.5%，说明中国已经完全成为了乳制品的净进口国。

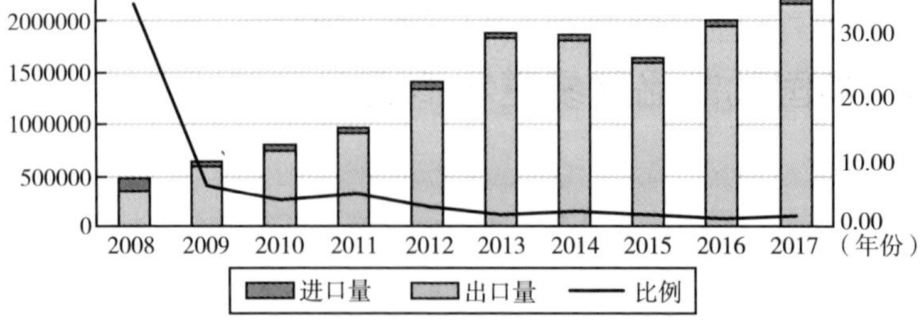

图 3－3　中国乳制品进口情况：2008—2017 年

资料来源：《中国奶业年鉴》。

3.2.1.2　进口贸易额变化情况

（1）根据表3-6数据，2017年较2008年进口额增长4.6倍。2008年至2017年期间，随着乳制品进口量的快速增长，进口额也呈现快速上涨，年平均增长率达到21.1%。并且，在2013年达到了进口额增长的高峰，究其原因主要是由于该年国内乳制品加工企业为适应国内消费者偏好，大量引进了海外奶源（主要是大包粉），从而重新布局国内市场以期提升国内市场竞争力。

（2）在进口的各类乳制品当中，鲜奶进口额增长速度最快。2017年较2008年增长了67倍多，年平均增长率高达59.9%，表明了国内消费市场对国外优质生鲜乳的需求快速增长，且该类产品的市场价值快速提升。其次酸奶、炼乳等产品也有较快增长，分别增长了22.3倍、13.8倍，年平均增长率为41.9%、34.9%。虽然2017年较2008年乳清产品增长不明显，主要是由于该类产品经历了2008—2013年的快速上升期后发生了回落，2013年乳清产品进口额曾一度高达8.5亿美元，后随着国内市场进口产品进入盘整期，国内乳制品加工企业的海外发展步伐放缓，乳清产品的进口水平快速回调，2016年较2013年减少了近一半，2017年由于国内乳清需求增多等原因，乳清的进口量有较快增长。此外，奶粉、奶油及干酪制品进口增速也较快，年均增长率分别达到了20.7%、26.8%、23.6%。

（3）从各类产品占乳制品的比重看，影响中国乳制品进口额的主要是干乳类制品，占乳制品比重的年平均值达到92.2%，其中尤以奶粉为最主要的进口类别。此类产品年均增长速度为20.7%，带动了乳制品进口额的快速增长。液态奶类虽增长速度更快，但由于总体占比年平均值仅为7.8%，所以对整体影响作用不明显。

表3-6　各类乳制品年度进口额：2008—2017年　单位：万美元

产品类别	2008年	2009年	2010年	2011年	2012年	2013年	2014年
乳制品	86264.3	102799.2	196952.4	262019.5	467191.0	714663.5	641291.8
液态奶	1573.0	2406.3	3238.3	6941.5	14363.2	27455.3	44475.0
鲜奶	1285.9	1970.2	2818.9	6049.0	11874.9	23440.2	40824.5
酸奶	287.0	436.1	419.3	892.5	2488.3	4015.1	3650.5

续表

产品类别	2008 年	2009 年	2010 年	2011 年	2012 年	2013 年	2014 年
干乳制品	84691.3	100392.9	193714.2	255078.0	452827.8	687208.2	596816.8
奶粉	39787.9	58040.9	138810.0	164544.5	192738.6	358472.8	443760.9
炼乳	313.1	397.5	739.2	1155.4	1259.6	2088.3	2145.5
乳清	31303.3	28422.0	34481.0	57102.2	74723.7	85045.3	78866.5
奶油	5904.4	6566.5	9140.6	18368.4	19566.2	22612.0	37801.1
干酪	7382.7	6966.0	10543.4	13907.5	18655.1	23106.2	34242.8
产品类别	2015 年	2016 年	2017 年	增长倍数*	增长率**	比重***	
乳制品	318145.0	337125.0	481857.0	4.6	21.1%	—	
液态奶	51336.0	68180.0	94623.0	59.2	57.7%	7.8%	
鲜奶	48560.0	63971.0	87935.0	67.4	59.9%	7.2%	
酸奶	2776.0	4208.0	6688.0	22.3	41.9%	0.6%	
干乳制品	266809.0	268945.0	387234.0	3.6	18.4%	92.2%	
奶粉	150609.0	147843.0	216175.0	4.4	20.7%	53.3%	
炼乳	2240.0	3645.0	4635.0	13.8	34.9%	0.5%	
乳清	52534.0	45206.0	66635.0	1.1	8.8%	18.7%	
奶油	26548.0	30315.0	50016.0	7.5	26.8%	6.6%	
干酪	34796.0	41936.0	49772.0	5.7	23.6%	7.2%	

注：“*”表示2017年较2008年增长倍数，“**”表示2008—2017年平均增长率，“***”指10年来各类别乳制品平均占乳制品比重。

资料来源：《中国奶业年鉴》及作者加工计算。

（4）受出口量缩减影响，出口额呈快速下降，年均减少幅度为18.5%，2017年较2008年减少了八成以上。从分类产品角度来看，液态奶类出口额占比35.9%，年平均减幅较平缓为2.9%，干乳制品出口额下降速度较快，年均减少幅度达到23.8%。造成干乳制品出口额快速下降的原因主要是奶粉和乳清出口额大幅度下滑，年均递减速度分别达到30.1%、24.7%。详见表3－7。

表3－7　各类乳制品年度出口额：2008—2017年　单位：万美元

产品类型	2008 年	2009 年	2010 年	2011 年	2012 年	2013 年	2014 年
乳制品	30234.9	5689.0	4394.2	7966.2	8235.8	5701.7	7510.9
液态奶	3188.2	1449.3	1714.0	2140.2	2362.2	2415.4	2649.6
液奶	3011.9	1334.3	1599.6	2061.0	2312.5	2365.3	2588.8

续表

产品类型	2008 年	2009 年	2010 年	2011 年	2012 年	2013 年	2014 年
酸奶	176.4	115.0	114.4	79.2	49.7	50.2	60.9
干乳制品	27046.7	4239.7	2680.2	5826.1	5873.7	3286.3	4861.3
奶粉	23669.3	3086.0	942.9	3710.9	3983.6	1622.1	3223.8
炼乳	1171.1	571.1	590.3	599.3	720.1	947.3	621.6
乳清	491.1	33.9	80.1	145.9	143.1	354.7	6.4
黄油	1715.2	501.0	972.3	1192.9	801.0	276.6	900.3
奶酪	47.8	47.7	94.7	177.0	225.8	85.5	109.3
产品类型	2015 年	2016 年	2017 年	增长倍数*	增长率**	比重***	
乳制品	4508.0	4735.0	4784.0	-0.84	-18.5%	—	
液态奶	2463.0	2155.0	2436.0	-0.24	-2.9%	35.9%	
鲜奶	2406.0	2020.0	2065.0	-0.31	-4.1%	33.9%	
酸奶	57.0	135.0	371.0	1.10	8.6%	2.0%	
干乳制品	2045.0	2580.0	2348.0	-0.91	-23.8%	64.1%	
奶粉	1098.0	1605.0	948.0	-0.96	-30.1%	39.8%	
炼乳	443.0	512.0	478.0	-0.59	-9.5%	9.9%	
乳清	6.0	19.0	38.0	-0.92	-24.7%	1.5%	
黄油	400.0	358.0	761.0	-0.56	-8.6%	11.0%	
奶酪	99.0	86.0	123.0	1.57	11.1%	1.8%	

注：“*”表示 2017 年较 2008 年增长倍数，“**”表示 2008—2017 年平均增长率，“***”指 10 年来各类别乳制品平均占乳制品比重。

资料来源：《中国奶业年鉴》及作者加工计算。

由图 3-4 可知，2008—2017 年，中国乳业贸易进口产品种类主要集中在奶粉、乳清和液态奶。2008 年，中国乳制品总进口额为 8.63 亿美元，主要集中于干乳制品，以奶粉和乳清为主，进口额占比分别为 46.12% 和 36.29%，而液态奶的进口额为 0.16 亿美元，占比仅为 1.82%。2008 年之后，新西兰向中国出口乳制品主要为“工业大包粉”，奶粉和乳清也符合运输过程中对于存储和保险的严格要求，因此进口奶粉占比一直居高不下，并在 2010 年达到 70%。乳清进口额变化呈现出倒“V”字型，2013 年最高，为 8.5 亿美元。2008—2017 年，液态奶进口额持续上升，2017 年达到 9.46 亿美元。

此外，在其他乳制品方面，乳糖进口额由 2011 年的 5679.39 万美元上升至2017年的9348万美元；婴幼儿奶粉的进口增速也较快，2012—2017年年均增长率达32%。

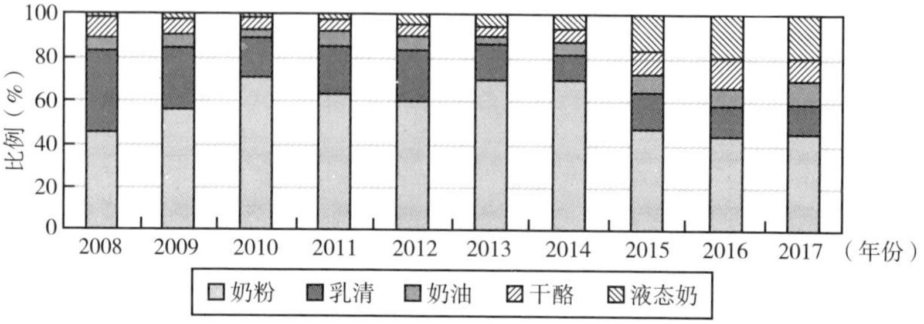

图3-4 2008—2017年中国乳制品进口种类的进口额占比

资料来源：《中国奶业年鉴》。

3.2.1.3 乳制品进出口平均价格变动情况

为剔除年度波动对研究的影响，采用三年平滑价格分析，详见表3-8。

（1）总体来看，各类乳制品进口平均价格从2008—2010年平均水平2274美元/吨增长到2011—2013年平均水平3429美元/吨，增长幅度为50.8%，后回落到2014—2016年平均2412美元/吨，降幅为29.6%，且从2015年、2016年两年数据来看，乳制品进口平均价格进一步呈下降趋势，2016年仅为1724美元/吨，同比减少12.7%，2017年乳制品进口平均价格回升，为2216美元/吨。同期，出口平均价格呈一路下泻趋势，2014—2016年平均价格1591美元/吨，较2008—2010年平均价格减少了10.8%，2016年较2015年虽有所回升但也未恢复到前期水平，2017年又下降至1469美元/吨。中国乳制品出口平均价格较进口而言一直处于被动，2008—2017年出口平均价格占进口平均价格的比重为67.6%①。

（2）从分类乳制品平均价格走势来看，液态奶进口平均价格总体呈快速下降趋势，其中进口平均价格年均下降速度11.6%，但2017年价格有所回升，较上年幅度为29.5%。而与之相对，液态奶出口平均价格则呈上涨趋势，

① 将表3-8中“2008—2010年”“2011—2013年”“2014—2016年”以及“2015—2017年”四个时间段乳制品出口价格占进口价格比重进行算术平均计算。

2014—2016 年平均价格较 2008—2010 年平均价格增长了 30.2%，且 2015 年、2016、2017 年出口平均价格较为平稳。液态奶出口平均价格占进口平均价格的比重也由 40.7% 上升到 71.4%，且 2015 年、2016 年、2017 年连续三年比重有所回落，表明中国液态奶出口产品竞争力有待提高。

（3）干乳制品进出口平均价格均呈先增长后降低的波动变化趋势。其中，2015 年、2016 年进口平均价格连续走低，且已经低于 2008—2010 年平均水平，2017 年进口平均价格回弹，为 2630 美元/吨。而 2016—2017 年干乳制品出口平均价格较为平稳，再结合进出口平均价格比重关系，表明干乳制品的出口价格已与国际水平对接。

表 3-8　　乳制品进出口平均价格：2008—2017 年　　单位：美元/吨

贸易方向	产品类别	2008—2010 年*	2011—2013 年*	2014—2016 年*	2015—2017 年*	2015 年	2016 年	2017 年
进口	乳制品	2274	3429	2412	1972	1975	1724	2216
	液态奶	1821	1478	1161	1160	1091	1041	1348
	干乳制品	2285	3607	2810	2346	2339	2068	2630
出口	乳制品	1785	1752	1591	1453	1353	1537	1469
	液态奶	742	862	966	951	981	910	962
	干乳制品	2885	3411	3229	3113	2486	3611	3241
出口占进口比重	乳制品	78.5%	51.1%	66.0%	74.67%	68.5%	89.2%	66.3%
	液态奶	40.7%	58.3%	83.2%	82.90%	89.9%	87.4%	71.4%
	干乳制品	126.3%	94.6%	114.9%	134.70%	106.3%	174.6%	123.2%

注：“*”为年平均值。
资料来源：《中国奶业年鉴》及作者加工计算。

3.2.2　主要进口来源地

目前，中国已经成为了乳制品纯进口国，通过分析进口主要进口来源地，能够说明中国乳制品进口市场的发展现状。由于各类乳制品的进出口地差异较大，且液态奶与奶粉是最主要的贸易产品，所以对进出口地的研究主要针对液态奶与奶粉两类产品。

3.2.2.1 液态奶进口来源地

（1）根据表3－9数据，2008—2017年中国液态奶进口量快速增长，年均增长幅度为63.4%。2017年液态奶进口量达到历史新高66.8万吨水平，较2008—2010年平均水平增长超过55倍。液态奶进口来源地主要集中在新西兰、德国、澳大利亚及法国四个国家，但所占比重近年来有所下滑，进口量占比从2008—2010年平均占比92.2%下降到2014—2016年平均82.2%的水平，同期进口额也从92.3%降至84.2%，且再观2017年数据，下降趋势持续，说明进口来源地较前期更为丰富。

（2）其中进口量最高的为新西兰和德国，2008—2017年间共计从两国进口液态奶143.41万吨（从新西兰进口55.34万吨、从德国进口88.07万吨）。其中，从德国进口液态奶的数量增长最快，年平均增长率为125.5%，其次是法国、澳大利亚，年平均增长率也达到了75.7%和68.3%，从新西兰进口液态奶的年平均增速较其他三国略低为53.0%。整体而言，以上四国仍然是中国液态奶的主要来源，但市场份额有所下降，且四个国家对华液态奶出口的竞争力也有所改变，目前德国势头最好。结合进口额数据，德国液态奶的进口价格较低（德国2008—2016年平均进口价格为新西兰的50.2%、澳大利亚的87.2%及法国的53.2%），可以预计中国进口德国液态奶的比重将会进一步增加。

表3－9　　液态奶进口来源地：2008—2017年　　单位：吨、万美元

来源地	2008—2010年平均		2011—2013年平均		2014—2016年平均		2017年	
	进口量	进口额	进口量	进口额	进口量	进口额	进口量	进口额
合计	12068.1	2025.0	106295.9	13788.1	471462.0	51118.1	667555.0	87935.4
新西兰	5521.2	1118.1	25040.2	4556.7	83914.6	12885.8	209962.0	37762.2
德国	1728.0	177.2	42817.6	3794.1	183859.5	15202.4	195458.0	15406.8
澳大利亚	1590.8	151.1	13088.6	1485.7	59370.2	6013.3	76185.0	6909.1
法国	2289.8	422.6	13733.3	2409.1	60631.2	8958.3	91873	16436.8
四国占比	92.2%	92.3%	89.1%	88.8%	82.2%	84.2%	85.9%	87.0%

资料来源：《中国奶业年鉴》及作者加工计算。

3.2.2.2　奶粉进口来源地

（1）2008—2014 年是中国奶粉进口快速增长的时期，从 2008 年 10.0 万吨增长至 2014 年 92.3 万吨的水平，年均增长率为 26.2%。2015 年后受奶粉库存量的影响，奶粉进口量出现明显下降，仅为 54.7 万吨，较 2014 年减少了 40.7%，进口额为 15.07 亿美元，同比减少 66.0%。2016 年进口量有所回升，环比增加 10.4%，进口额下降 1.9%，2017 年进口量持续回升，较 2016 年增加 18.8%，进口额同比增加 46.7%，表明国际市场竞争更为激烈。

（2）根据表 3-10 数据，2008—2017 年期间，中国奶粉进口来源地主要集中在新西兰、美国、澳大利亚、德国、法国和丹麦六国，以上国家进口量与进口额占比均保持在九成以上。其中新西兰无疑是中国奶粉的最主要进口国，年均进口量超八成。2015—2016 年，受国内奶粉库存影响，从新西兰进口的奶粉数量和金额也有较为明显的下降，进口量仅为 2014 年同期水平六成，进口额仅为 33% 左右。由于奶粉消费需求的明显增长，2017 年从新西兰进口奶粉数量出现回升，进口量同比增加 9.2%，进口额升至 76.2%。其次是澳大利亚和美国，年均进口量、进口额均占合计值的 10% 的水平。德国、法国及丹麦三国排序变化较为明显，2008—2010 年期间法国进口量超过丹麦和德国，但进入 2011 年以后，从丹麦进口的数量先升后降，而从德国进口的奶粉数量有所上升，2017 年德国奶粉进口量显著上升至 24239 吨，为新西兰进口量的 4.41%。

表 3-10　　奶粉进口来源地：2008—2017 年　　单位：吨、万美元

来源地	2008—2010 年平均		2011—2013 年平均		2014—2016 年平均		2017 年	
	进口量	进口额	进口量	进口额	进口量	进口额	进口量	进口额
合计	253919.1	78879.6	625611.0	238585.3	691586.3	247414.9	718102.0	216834.8
新西兰	196997.7	60966.6	516281.6	196487.0	559814.2	196630.8	549822.0	165143.3
美国	12345.6	3804.2	31813.9	11765.2	29189.9	10465.1	33801.0	8303.2
澳大利亚	22414.2	7182.3	21965.5	8565.9	28763.8	12982.6	45961.0	17927.1
德国	1819.1	507.9	12056.2	4480.3	14420.3	4688.4	24239.0	5677.8
法国	5165.9	1759.9	9218.3	3430.6	14455.4	4985.4	22186.0	7027.0
丹麦	3659.2	1167.2	5350.5	1999.9	3824.4	1352.7	3780.0	1016.3
占比*	95.5%	95.6%	95.4%	95.0%	94.1%	93.4%	94.7%	94.6%

注：“*”表示以上六国进口数量占中国总体进口的比例。
资料来源：《中国奶业年鉴》及作者加工计算。

3.3 中国乳业国际竞争力分析

贸易竞争力是一国技术水平、产业结构、生产率等综合国力的体现，目前国际上还没有一个确切的定义，从产业发展角度可以认为贸易竞争力是指在现有的宏观环境和产业发展水平上，在国外市场上以较低的生产（服务）成本和与众不同的产品（服务）特性来取得最佳市场份额和利润的能力。国内外学者关于产品贸易竞争力（出口竞争力）的衡量大多采用国际市场占有率、贸易特化指数和显示性比较优势指数，以上指标具有较好的竞争力现实性与科学性，多年来也得到了学术界的公认，所以本书采用这些指标方法对中国与主要贸易伙伴国乳业国际贸易市场竞争力进行分析。除上述指标外，产业发展还涉及到整个产业链相关环节，所以在比较乳业国际竞争力问题时，还要考虑不同的产业环节发展现状与潜力等对产业竞争力的作用与影响。

3.3.1 竞争力指标分析

（1）国际市场占有率（Market Share，MS）。该指标是指国家某种产品出口总额占世界该产品出口总额的比率。是反映行业国际竞争力最为直观的指标之一，其公式为：

$$MS_{ij} = \frac{X_{ij}}{X_{iw}} \times 100\% \tag{3.1}$$

式中，MS_{ij}表示j国i产品的市场占有率，X_{ij}表示j国i产品的出口额，X_{iw}表示世界i产品的出口额。该指标数值越高，表示该产品在国际市场上的竞争力越强。则该产业的国际竞争力越强。评判标准为：若$MS \geq 20\%$，则该产品有很强的出口竞争力；若$10\% \leq MS < 20\%$，则该产品具有较强的出口竞争力；若$5\% \leq MS < 10\%$，则该产品出口竞争力一般；若$MS < 5\%$以下，则该产品具有很弱的出口竞争力或完全没有出口竞争力。

根据表3－11数据显示，中国乳制品国际市场占有率水平最低，其中2008年相对较高也仅为0.60%，2009年开始则快速下滑，2015—2016年已经处于0.1%以下。新西兰、德国是目前世界上国际市场占有率水平较高的国家：近年来德国乳制品国际竞争力发展势头最好，虽然2012年以来MS指标值有所下滑，但均保持在12.3%以上的高水平，体现了较强的国际竞争实力；新西兰的国际市场占有率MS指标虽整体略低于德国，但自2012年以来竞争力水平发展较快，2015年、2016年已连续两年超过德国，发展前景良好。荷兰、法国较上述两国整体竞争力略低，均占国际市场的10%左右的占有率水平。美国、澳大利亚国际市场占有率水平总体而言较为稳定，整体竞争力水平相对较低，但也明显优于中国。

表3-11　世界各国乳制品国际市场占有率：2008—2016年　单位：%

年份	澳大利亚	美国	新西兰	荷兰	德国	中国	法国
2008	2.20	2.76	9.07	11.59	14.48	0.60	11.95
2009	2.33	2.32	9.17	11.11	14.62	0.14	12.43
2010	2.03	3.26	11.98	11.09	14.08	0.09	11.02
2011	1.98	3.54	9.51	11.51	14.47	0.15	10.98
2012	1.91	3.78	13.42	10.21	12.98	0.15	10.05
2013	1.82	4.42	14.03	9.59	13.14	0.09	9.56
2014	1.81	4.75	15.20	8.98	12.97	0.12	9.51
2015	1.90	4.38	12.91	9.91	12.39	0.09	9.66
2016	1.93	3.97	12.93	10.88	12.31	0.10	9.65

资料来源：根据联合国FAO数据库相关数据计算。

（2）显示性比较优势指数（Revealed Comparative Advantage，RCA）。显示性比较优势指数是美国经济学家巴拉萨（Balassa）1965年首先提出并采用的。显示性比较优势指数是指一个国家某种产品出口占该国出口总值的份额与世界该类商品出口占世界总出口份额的比例。显示性比较优势指数（RCA）也被称为“相对出口优势指数”，用来测定该国这一商品在国家出口格局中的地位，从而根据比值的大小确定该产品在国际贸易中的竞争优势。其公式为：

$$RCA_{ij}=\frac{\frac{X_{ij}}{X_{it}}}{\frac{X_{wj}}{X_{wt}}} \tag{3.2}$$

式中RCA_{ij}表示i国第j种产品的显示性比较优势指数，X_{ij}表示i国第j产品的出口额，X_{it}表示 i 国全部产品出口总额，X_{wj}是世界第 j 产品的出口总额，X_{wt}是世界总出口额。如果 *RCA* 指数大于 2.5，表明 i 国在 j 产品上具有极强的国际竞争力；如果 *RCA* 指数介于 1.25—2.5 之间，表明具有较强的国际竞争力；如果 *RCA* 指数介于 0.8—1.25 之间，表明具有中度的国际竞争力；如果 *RCA* 指数小于 0.8，则表明国际竞争力较弱。

根据表 3－12 计算结果，新西兰乳制品 *RCA* 指数领先于世界各国，体现了该国在乳制品领域的国际竞争力水平与较强的发展潜力，并且从时序数据的发展趋势来看，新西兰乳制品的比较优势还在进一步扩大，已经形成了稳定的国际领先优势。澳大利亚、德国及法国的 *RCA* 指数整体相当，表明三国国内乳业发展在农业发展中的比较优势趋同。美国、中国乳制品的 *RCA* 指数较其他国家明显处于低位，但美国的情况又明显好于中国，进一步说明了中国国内乳业发展在出口领域严重不足，乳业产能亟待提高。

表 3－12　世界各国乳制品显示性比较优势指数：2008—2016 年

年份	澳大利亚	美国	新西兰	荷兰	德国	中国	法国
2008	1.89	0.25	6.83	1.56	2.18	0.22	1.88
2009	2.08	0.22	6.66	1.42	2.19	0.05	2.05
2010	1.99	0.30	7.83	1.56	2.29	0.03	1.94
2011	2.03	0.33	8.25	1.70	2.38	0.05	1.96
2012	2.06	0.35	8.84	1.58	2.19	0.05	1.91
2013	1.95	0.42	8.74	1.47	2.19	0.03	1.78
2014	1.91	0.44	8.85	1.48	2.16	0.03	1.87
2015	2.09	0.41	8.28	1.70	2.16	0.02	1.97
2016	2.06	0.36	8.45	1.74	2.11	0.02	2.03

注：研究选取世界及各国乳制品出口额与农产品出口总额数据计算。
资料来源：根据联合国 FAO 数据库相关数据计算。

（3）贸易特化指数（Trade Competitiveness，TC）。也有学者称之为贸易竞争系数、比较优势指数或净出口比率，反映一个国家某一产品是净出口国还是净进口国，指一国某产品进出口贸易的差额占该产品进出口贸易总额的比重。其公式为：

$$TC_i = \frac{X_i - M_i}{X_i + M_i} \tag{3.3}$$

式中 TC_i 表示一国 i 产品的贸易特化指数，X_i 表示一国某时期 i 产品的出口额，M_i 表示该国同时期 i 产品的进口额。如果贸易竞争指数大于0，意味着一国是 i 产品的净出口国或净供应国，该国的 i 产品具有较强的国际竞争力；如果贸易竞争指数小于0，意味着一国是 i 产品的净进口国，该国在该类产品上缺乏竞争力；如果贸易竞争指数等于0，则可称之为中性竞争力。

根据表3－13分析结果，与上述两大竞争力指标研究结论一致，中国乳制品贸易 *TC* 指数为负值，且接近－1，表明中国是乳制品贸易已经处于净进口位置，在国际市场缺乏竞争力。新西兰竞争力水平最高，其 *TC* 指数接近于1，说明该国为贸易净出口国，且国际竞争力远高于其他国家。荷兰、法国竞争力水平居次。德国虽然贸易竞争力 *MS* 和 *RCA* 指数水平较高，但 *TC* 指数水平相对较低，表明该国国内乳制品进口量较大，主要是来源于欧盟内部的产品流通。澳大利亚、美国两国 *TC* 指数也均为正值，表明两国乳制品也具有一定的国际竞争力，总体呈贸易顺差。

表3－13　世界各国乳制品贸易特化指数：2008—2016年

年份	澳大利亚	美国	新西兰	荷兰	德国	中国	法国
2008	0.256	0.111	0.975	0.464	0.101	－0.481	0.389
2009	0.251	0.001	0.970	0.426	0.106	－0.895	0.360
2010	0.245	0.246	0.981	0.445	0.135	－0.956	0.342
2011	0.242	0.286	0.984	0.446	0.125	－0.941	0.325
2012	0.209	0.235	0.979	0.413	0.115	－0.965	0.370
2013	0.216	0.324	0.978	0.406	0.139	－0.984	0.335
2014	0.201	0.336	0.980	0.382	0.120	－0.977	0.305
2015	0.229	0.156	0.957	0.397	0.079	－0.972	0.320
2016	0.205	0.097	0.964	0.415	0.054	－0.972	0.307

资料来源：根据联合国FAO数据库相关数据计算。

3.3.2　原料奶价格指标分析

对于生产竞争力的衡量，主要竞争力理论都以生产成本为主要分析对象。这主要是由于农产品价格短期内主要决定于供需力量对比情况，长期看主要决定于生产成本。一般来说，相对生产成本越低，竞争力越强。所以，原料奶价格也是反映乳业竞争力的重要因素。

根据 FAO 数据资料显示，中国生鲜乳收购价格呈现持续上涨趋势，从 2008 年的 364 美元/吨上升到 2016 年的 522 美元/吨，上涨了 43.4%。与乳业发达国家相比，中国生鲜乳价格偏高，这种趋势还在持续增强：2008 年中国原料奶价格优势较为明显，但随后便高于平均水平，在 2012 年、2015—2016 年形成两个峰值点。其中 2012 年，国际奶价大幅下降，但国内原料奶价格仍上涨，表明国内外奶价脱钩，这主要源于当时国内企业主要依靠国内奶源，进口原料奶市场价格的调剂能力较低，国内原料奶市场还未形成与国际市场的直接联动。2013—2014 年，随着国内乳制品企业大力开展海外发展，国际乳源涌入国内，迫使国内市场价格与国际接轨。2015—2016 年由于国际奶价调整，价格快速下跌近一半，而国内原料奶价格受养殖成本与技术制约，仍保持在相对高位，高于平均水平 60% 以上，成本劣势进一步凸显，且从图 3－5 价格变动趋势来看，世界乳业发达国家价格变动基本走势趋同，而中国原料奶价格变动与国际价格变动趋势严重不符，这也进一步说明了中国原料奶供给发展水平与价格调控能力远落后于国际线先进水平，给中国乳业的发展带来了不利影响。详见表 3－14。

表 3－14　　世界各国原料奶价格：2008—2016 年　　单位：美元/吨

年份	美国	新西兰	荷兰	德国	法国	澳大利亚	中国	与平均值相比①
2008	407	445	492	495	525	570	364	－25.6%
2009	285	266	357	335	415	403	381	10.9%
2010	360	377	400	408	426	420	458	14.9%
2011	446	512	476	484	480	491	494	2.6%
2012	409	426	410	416	429	436	607	44.2%
2013	443	413	497	505	474	499	550	16.6%
2014	531	577	517	502	504	524	554	5.4%
2015	379	266	349	328	371	374	556	61.4%
2016	360	244	325	323	349	346	522	60.9%

资料来源：联合国 FAO 数据库与作者计算。

① 该数据口径是指中国当年价格与前六个乳业发达国家的算数平均价格相比，高出或低于的百分比例。

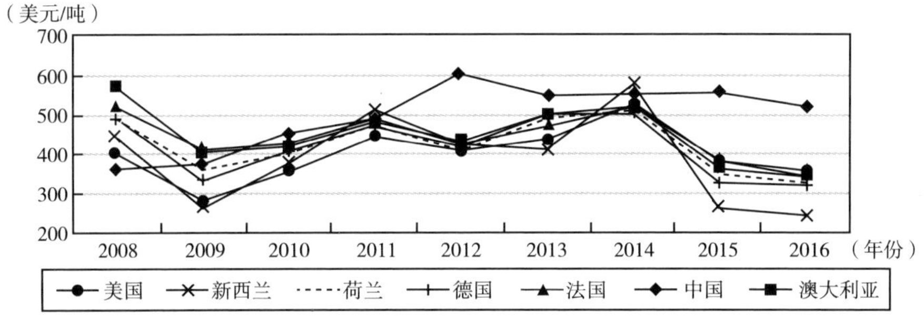

图 3－5　世界各国原料奶价格变动趋势：2008—2016 年

资料来源：表 3－14 计算结果。

3.4　国际贸易竞争力主要影响因素分析

中国乳业逐步丧失竞争力，进口乳制品抢占国内市场，这将大大制约中国乳业的国际化发展进程与现代化发展步伐，而造成这种显著的原因是研究如何提高乳业国际竞争力的关键。根据迈克尔·波特产业竞争力钻石理论，可将影响一国某产业竞争力的内部因素分为四个方面：一是生产要素，包括基本资源要素投入与使用程度与效率；二是产品市场需求条件，包括市场消费需求和消费者对产品的要求等；三是上下游产业，以奶牛养殖业为中心，包括上游的饲料生产和下游的乳品加工企业等；四是行业发展战略及行业内部结构等。此外，在外部影响因素中，政策和行业发展机遇是两个重要因素，可与其他四个内在因素发生相应关系。因此，结合中国乳业产业自身的发展特点，运用波特的钻石模型，主要从生产成本与效率、乳制品消费市场需求、饲料产业支撑水平及乳制品加工水平、组织经营形式和规模等 4 个内部影响要素以及质量安全、产业政策等 2 个外部影响因素共 6 个方面入手，全面分析影响中国乳业国际贸易竞争力的因素，查找导致中国乳业竞争力长期处于低迷的主要原因。

3.4.1　生产成本与效率

3.4.1.1　生鲜乳生产成本高企

近年来，随着物价水平的持续上涨，尤其是劳动力成本的快速增长，奶牛养殖成本也呈现快速上升趋势。从下表 3 - 15 可以看出，2008—2017 年，中国每 50 千克生鲜乳生产成本涨幅较大，从 2008—2010 年平均 122.64 元的水平上涨到 2017 年 153.42 元，涨幅达到 25.1%。2014—2016 年，生产成本甚至超过新西兰等国的原料奶收购价格。由此可见，生产成本居高不下是导致中国乳业竞争力下降的重要原因之一。具体见表 3 - 15 数据。

表 3 - 15　　中国奶牛养殖成本构成：2008—2017 年

单位：元（或千克）/50 千克主产品

项目	2008—2010 年*	2011—2013 年*	2014—2016 年*	2014 年	2015 年	2016 年	2017 年
1. 总成本	122.64	142.64	157.75	156.77	162.50	153.97	153.42
（1）生产成本	122.21	142.18	157.23	156.22	162.01	153.47	152.79
〈1〉物质与服务费用	108.08	122.66	135.72	135.26	139.44	132.45	129.33
其中：①精饲料费用	58.19	73.14	74.34	78.51	73.69	70.83	65.41
②青粗饲料费用	20.53	21.14	25.46	25.28	24.93	26.18	33.55
〈2〉人工成本	14.14	19.513	21.52	20.97	22.57	21.02	23.46
①家庭用工折价	0.82	1.62	1.86	1.92	1.85	1.80	2.09
②雇工费用	13.31	17.89	19.66	19.04	20.72	19.22	21.37
（2）土地成本	0.43	0.46	0.51	0.55	0.49	0.50	0.63
2. 附记							
精饲料数量	26.15	26.15	26.35	26.20	26.55	26.30	24.13
耗粮数量	18.21	18.53	18.76	18.62	18.95	18.70	17.36

注：a. 奶牛养殖的物质与服务费用包括直接费用与间接费用，其中直接费用包括精饲料费、青粗饲料费、饲料加工费、水费、燃料动力费、医疗防疫费、死亡损失费、技术服务费、工具材料费、修理维护费、其他直接费用；间接费用包括固定资产折旧、税金（2006 年取消）、保险费、管理费、财务费；

b. 三年成本平均数据连续三年成本数据算术平均得出。

c. 所有数据均采用中等规模养殖数据计算。

d. "*"表示年平均数据。

资料来源：根据 2009—2017 年《全国农产品成本收益资料汇编》计算所得。

从成本构成看，物质与服务费用和人工成本是生鲜乳生产成本的主要组成部分，占总成本的比重达到 99% 以上，每 50 千克生鲜乳生产的物质与服务费用从 2008—2010 年平均水平 108.08 元上涨到 2017 年 129.33 元，上涨 21.25 元，增幅为 19.7%；人工成本在总成本中上涨幅度最大，从 14.14 元上涨到 23.46 元，上涨 9.32 元，增幅为 65.9%。物质与服务费用的上涨是生鲜乳生产成本上升的最主要因素，贡献率约为 69.5%，其中：精饲料费用上涨 12.4%，对总成本上涨的贡献为 23.5%，青粗饲料费用上涨了 63.4%，贡献率为 42.3%。从降成本的角度看，降低饲料成本和人工成本是提升竞争力的关键所在。

此外，从表 3-15 中还可以看出，每 50 千克生鲜乳耗用的精饲料数量变化不大，意味着精饲料成本的上升主要来源于饲料价格的上涨。奶牛养殖所需饲料主要为精饲料和青粗饲料，其中精饲料主要包括玉米、豆粕和麦麸，粗饲料主要包括玉米青贮、苜蓿等。2007 年以来，国家实施玉米临时收储政策，极大程度刺激国内玉米生产，但同时也形成了对国内玉米价格上涨的支撑力量，从而推动了玉米价格上调，进而导致奶牛养殖饲料成本趋高。

3.4.1.2　奶牛生产效率低于世界先进水平

奶牛生产效率是影响奶牛养殖业竞争力的重要因素，奶牛养殖业竞争力水平又直接影响乳业成本，而体现生产效率最重要的指标就是奶牛的单产水平。2010 年以来，中国奶牛单产水平总体上呈下降趋势，2011—2012 年平均单产超过 3 吨，但与德国、美国相比，还存在较大差距。从表 3-16 可以看出，美国奶牛平均单产水平最高，且保持持续增长，2014 年以后已经超过 10 吨，是中国水平的 3 倍多，产量增长主要得益于单产水平的持续提升。德国奶牛单产水平也保持高水平，2010 年以来平均单产已达到 7 吨以上，且整体也呈上升趋势。新西兰奶牛单产水平随不及上述两国，但较中国而言也处于较高水平，近年的平均单产稳定在 4 吨左右，但随着国内乳业产业规模的快速增长，总产量水平得以较大提高，新西兰 2016 年较 2010 年生鲜乳产量提高了 23.6%。

奶牛品种对生鲜乳生产效率起着决定性作用，特定的品种具有相对稳定的牛奶生产能力和适应条件。全世界奶牛主要分布在南北温带地区，很多优良品种分布在荷兰、美国、德国和新西兰等自然生态和社会条件较好的发达国家。荷斯坦奶牛是当前普遍使用的高生产效率奶牛品种，世界主要乳业发达的国家纯种荷斯坦奶牛占比都在 70% 以上。如美国为 93%、加拿大为

91%、澳大利亚为75%以上、新西兰为80%以上、阿根廷为80%以上、日本为99%、以色列为99%。中国奶牛育种起步晚、进展慢，优良奶牛品种资源明显不足。现养奶牛的80%是中国荷斯坦牛及其杂交改良牛，中国纯种荷斯坦牛不足50%。杂交奶牛占比高、品种退化现象严重，造成了中国奶牛单产水平难以得到发展。

此外，各国奶牛生产效率水平的差距也来源于养殖方式和技术水平的差异，新西兰奶牛饲养以放牧为主，而美、德等欧美国家以舍饲和半舍饲为主，较前者更注重效率提升。中国奶牛主要采用放牧与舍饲相结合方式，但由于饲养管理水平不高导致疫病防治不力，所以严重限制了中国奶牛生产效率提升。

表3-16　　各主产国奶牛生产效率水平　　单位：万吨、吨/头·年

年份	中国		德国		美国		新西兰	
	总产量	平均单产	总产量	平均单产	总产量	平均单产	总产量	平均单产
2010	3575.6	2.91	2963.0	7.08	8747.4	9.59	1716.9	3.63
2011	3657.8	3.00	3034.0	7.24	8897.8	9.68	1896.6	3.83
2012	3743.6	3.10	3050.6	7.28	9096.2	9.84	2057.2	4.13
2013	3531.0	2.93	3132.6	7.29	9127.7	9.90	2020.2	3.95
2014	3724.6	2.48	3239.5	7.54	9346.5	10.10	2189.8	4.45
2015	3754.7	2.49	3268.5	7.63	9461.8	10.16	2159.3	4.30
2016	3602.0	2.53	3267.6	7.75	9635.9	10.33	2122.9	4.25
平均	3655.6	2.78	3136.5	7.40	9187.6	9.94	2023.3	4.08

资料来源：《中国奶业年鉴》及作者计算。

3.4.2　乳制品消费市场需求

2016年中国人均液态奶消费量达到20.3千克的水平，同比上涨8.5%、较2014年上涨14.0%。尽管中国乳制品消费有了较大幅度增长，但与其他乳业发展强国相比，中国城乡居民乳制品消费还处于较低水平。根据表3-17数据，英国、新西兰及澳大利亚作为传统的乳制品消费大国，人均液态奶消费量均达到100千克/人·年的平均水平，代表了全球乳制品消费的先进水平。美、欧、德、法、荷等地人均消费量也均处于年均50千克以上，超出中

国人均消费量的两倍以上。如果将中国与欧美等地区乳业发达国家消费水平的差别归咎为乳制品消费习惯具有较大差异，但邻国日本人均液态奶消费量稳定在30千克以上，较中国高出1/3，表明中国乳制品消费仍有至少30%的增长空间。并且随着城镇化进程的推进、人民物质生活水平的进一步提高，以及全面“二孩”政策下人口结构的调整，中国乳制品消费将会迎来持续增长。

另一方面，正是由于当前中国乳制品消费水平较全球乳业发达国家还有较大差距，造成了中国乳业国内市场的需求水平对产业国际竞争力进一步发展的支撑能力有限，给予乳业产能扩张刺激不强，市场价格上涨空间被压缩，从而难以调动产业链前段奶牛养殖业的养殖积极性，使得中国奶牛养殖业长期处于国内自给的低水平供给状态，进而造成了奶牛养殖业生产管理技术水平低、优良品种比例低等恶性循环。

表3-17　2014—2016年世界主要国家（地区）液态奶人均消费量　单位：千克/人

国家/地区	2014年	2015年	2016年	国家/地区	2014年	2015年	2016年
中国	17.8	18.7	20.3	法国	53.0	51.6	49.6
日本	30.4	30.8	30.8	荷兰	45.5	49.3	49.4
欧盟28国	62.4	60.8	59.4	新西兰	108.4	107.3	106.6
英国	103.9	97.7	92.6	澳大利亚	108.5	108.2	106.6
德国	55.9	53.5	53.7	美国	71.6	70.1	69.2

资料来源：《2018中国奶业统计摘要》。

3.4.3　上下游产业支撑能力

中国土地资源总量丰富，但人均占有量较少，属于人多地少资源稀缺类型的乳业生产国家。从产业链上游养殖环节的主要支撑力量来看，饲草饲料是乳业发展的最基本的物质要素投入，其成本价格就决定了奶牛养殖业的利润水平，进而影响原料奶价格及乳业国际竞争力的形成。

从表3-18数据可知，近年来中国饲草进口量快速增长，由于2008—2010年进口水平相对较低，为避免该段时间影响，测算了2011—2016年平均增长率水平，其中苜蓿干草进口量年增长率水平达到了37.71%，燕麦干草进口量年均增长率更高达79.72%，虽然相较进口量进口单价水平较为平稳，仅有不足4%的年均增长，但由于进口量增长显著，造成每年进口饲草的进口额快速提升。近三年来，饲草进口量值进一步扩张，2016年苜蓿干草进口额达到了44613万美元，燕麦干草为7307万美元，较2014年增长了56.9%、79.8%。并且，结合2016年中国液态奶2691.7万吨的产量水平（中国奶业统计摘要数据），折合每吨液态奶饲草成本为19.3美元/吨。同时，与2014—2016年国内奶类生产价格指数变动趋势形成反差（三年指数年平均值为144.63、92.28及96.3，上年=100，说明连续三年奶类价格呈下降趋势），说明饲草成本在液态奶价格形成中的比重上升，对液态奶价格影响力增强。所以，根据饲草进口量值进一步扩大的增长趋势，对于中国乳业国际竞争力水平提高形成了阻力。

表3-18　中国饲草进口量值　单位：吨、万美元、美元/吨

年份	苜蓿干草			燕麦干草		
	进口量	进口额	进口单价	进口量	进口额	进口单价
2008	17613	513	291	1546	48	314
2009	74158	2003	270	1448	37	257
2010	218058	5906	271	8991	240	267
2011	275564	9960	361	12726	395	310
2012	442696	17416	393	17525	620	354
2013	755598	28060	371	42817	1581	369
2014	884513	34249	387	120953	4064	336
2015	1210030	46859	387	151490	5280	349
2016	1387775	44613	321	222688	7307	328
增长率*	37.71%	43.12%	3.99%	79.72%	83.65%	3.91%

注：“*”为2011—2016年平均增长率。

资料来源：《2018中国奶业统计摘要》。

此外，饲料行业的加工能力（产量）与经营情况，表明近年来中国饲料加工业生产规模发展较快，其中2016年较2013年企业数量增加了568家，增幅为15.5%，同期饲料产量增加9238.52万吨，增幅达到46.6%，增幅接近一倍，远超企业数量增长幅度，说明各饲料加工企业平均单产水平有所增长。

从经营水平来看，主营业务收入增长1790.8亿元，增长18.4%，较企业数量增幅略快，说明整体经营收入水平提升。利润年均增长率为5.2%，利润水平平稳增长。资产总额年均涨幅为13.6%超过资产总额年均涨幅12.2%，体现为资产负债率由2013年的48.0%降低到2016年的46.2%，得到了一定改善。总体而言，中国饲料加工行业的生产水平平稳发展，对奶牛饲养业提供了稳定的支持。详见表3-19。

表3-19　中国饲料加工业基本生产经营情况：2013—2016年

项目	2013年	2014年	2015年	2016年
企业数量（个）	3664	3842	4117	4232
亏损比例（%）	8.30%	8.59%	9.98%	12.38%
饲料产量*（万吨）	19813.05	21791.64	22120.64	29051.57
主营业务收入（亿元）	9742.8	10813.9	11052.8	11533.6
利润总额（亿元）	481.4	508.0	536.2	560.3
资产总额（亿元）	3197.2	3846.5	4250.5	4679.0
负债总额（亿元）	1534.4	1845.1	1929.3	2159.3
资产负债率（%）	47.99%	47.97%	45.39%	46.15%

注："*"饲料产量数据采用配合、混合饲料合计产量。

资料来源：《2018中国奶业统计摘要》。

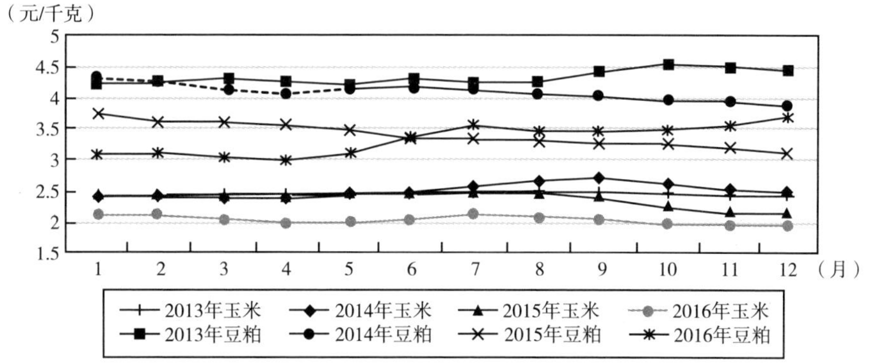

图3-6　国内玉米、豆粕收购价格（月度）变动情况

资料来源：《2018中国奶业统计摘要》。

除精饲料外，奶牛养殖业还需要投入大量青粗饲料，主要是玉米和豆粕，这两种饲料粮价格也直接影响了生鲜乳价格。根据图3-6所示，国内玉米、豆粕收购价格近年来月度价格变动较为平稳，年度间所有下降，2016 年玉米、豆粕价格年平均价格为 2.02 元/千克、3.31 元/千克，较 2014 年回落 17.5%、23.3%。总体而言，国内玉米、豆粕价格变动有利于奶牛养殖业控制成本。但结合表 3-20，对比国际乳业发达国家国内饲料粮生产者价格水平（国际数据缺少豆粕价格，以大豆价格替代，两者价格存在直接关联变动），中国玉米、大豆价格明显高于其他三国，说明与国际先进水平相比，饲料粮国内供给价格居高不下，抬高奶牛养殖成本，进而推动了生鲜乳价格处于高位运行，不利于中国乳业国际竞争力的提升。

表 3-20　　各国玉米、大豆生产者价格对比　　单位：美元/吨

年份	澳大利亚		中国		法国		美国	
	玉米	大豆	玉米	大豆	玉米	大豆	玉米	大豆
2013 年	200.5	523.1	489.0	677.9	227.4	590.9	176	478
2014 年	147.3	460.4	441.9	869.7	194.7	475.7	146	371
2015 年	161.9	353.8	432.4	808.2	173.8	385.3	142	329
2016 年	139.4	368.3	264.3	581.5	175.9	380.2	132	348

资料来源：FAO 数据库。

产业链下游支撑产业即乳制品加工业，根据表 3-21 数据，国内乳制品加工业整体规模较为稳定，整体呈现良好发展态势。企业个数略有下降、乳制品总加工量稳中有升。亏损比例 2016 年较 2013 年微升 2.76%，但对整体行业影响不大。主营业务收入水平有较明显增长，2016 年较 2013 年增加 672.3 亿元，涨幅为 23.7%。资产总额年均增幅达到 10.7%，超过负债总额年均 7.6% 的增长水平，资产负债率水平得到改善，利润总额显著增长，涨幅达到 44.3%。

表 3-21　　中国乳制品加工业基本生产经营情况：2013—2016 年

项目	2013 年	2014 年	2015 年	2016 年
企业数量（个）	658	631	638	627
亏损比例（%）	13.83	15.85	16.14	16.59
乳制品产量（万吨）	2698.0	2651.8	2782.5	2993.2
主营业务收入（亿元）	2831.6	3297.7	3328.5	3503.9

续表

项目	2013 年	2014 年	2015 年	2016 年
利润总额（亿元）	180.1	225.3	241.7	259.9
资产总额（亿元）	2056.9	2321.2	2565.0	2792.0
负债总额（亿元）	1116.5	1241.3	1314.2	1388.7
资产负债率（%）	54.28	53.48	51.24	49.74

资料来源：《2018 中国奶业统计摘要》。

纵观世界主要乳制品生产国加工水平，美国乳制品产量远高于其他国家，稳居世界首位（见表 3－22）。中国乳制品产量虽不及美国，但也明显高于其他国家，约为德国的 2.9 倍，法国的 3.6 倍，说明中国乳制品加工业的总体产能位于世界前列，尤其是中国液态奶加工水平在 2014 年开始跃居世界首位，并保持了良好的增长势头。但值得注意的是，中国干乳制品产量发生了显著下降，年均降幅为 6%，而干乳制品中黄油、奶酪、奶粉均为附加值较高的乳制品类型，这种变化不仅不利于中国干乳类乳制品发展，也不利于中国乳业利润空间的提升。

从各年度来看，中国乳制品加工量增长速度较快，2016 年较 2013 年涨幅为 84.2%，同期涨幅与中国水平相当的仅有新西兰，为 86%，且其基数远小于中国 2013 年的水平，另外澳大利亚增长 8.3%、荷兰增长了 2.4%，其余三国均为小幅下降。以上数据表明中国乳制品加工业发展速度也远超过多数乳业发达国家，这为中国乳业国际竞争力的提升提供了重要的动力来源。

表 3－22　　世界主要乳制品生产国产量：2013—2016 年　　单位：万吨

国家	2010 年		2014 年		2015 年		2016 年	
	液态奶	干乳	液态奶	干乳	液态奶	干乳	液态奶	干乳
中国	1485.6	313.8	2400.1	251.7	2521	261.5	2737.2	256.1
美国	2479.8	676.5	2275.4	755.7	2243.7	772.2	2229.0	788.0
澳大利亚	238.5	89.6	256.0	85.4	259.1	81.1	258.2	74.5
新西兰	38.0	200.9	62.3	278.4	64.5	275.2	70.7	269.7
荷兰	54.4	128.7	52.6	133.8	55.8	139.4	55.7	147.7
法国	355.8	324.3	353.6	336.1	342.3	335.7	339.5	330.6
德国	527.6	340.0	503.0	373.6	498.2	387.8	499.3	386.7

数据来源：《2018 中国奶业统计摘要》。

3.4.4 组织经营形式和规模

当前，中国从事乳业生产的主体主要包括规模牧场、散养户、养殖小区和奶农专业合作社 4 类。据农业农村部统计，全国现有奶牛养殖场户 147.4 万户。从经营方式看，养殖场户在生产出生鲜乳后，通过奶站等方式将生鲜乳出售给乳品加工企业。这也意味着，奶农和加工企业只是简单的合作关系，并没有形成统一的利益共同体，两者之间的利益博弈时有发生。但总体来看，受生鲜乳保质期短、奶农群体分散等因素影响，奶农在与乳制品加工企业博弈中处于弱势地位，定价权完全掌握在企业手中，同时加工企业往往会采取压价、限收等办法将市场风险转移给养殖场户。由于内部利益目标错位，乳品加工的发展战略和乳业生产发展战略往往也会不一致。由于国内乳品企业众多，竞争激烈，乳品企业多元竞争战略的主导下，国内乳业很容易进入无序发展状态。

从世界主要产奶大国的经营方式看，乳品加工企业往往由奶农通过合作社等方式联合创办或持股，奶农与加工企业利益联系紧密。2014 年全球乳品销量前 5 的乳品企业中有 3 家由奶农合作社创办或持股；新西兰 96% 以上的奶牛养殖企业与乳品加工企业之间是股份制的经济联合体，独立的乳品加工企业只占原料奶收购量 3% 左右；澳大利亚最大的乳品企业 MG 由 2695 个牧场股东控股。这种合作经营的模式，协调奶农和乳品企业合作参与市场竞争，避免无序竞争的产生，通过建立相对统一的运营规则，有力提高了乳业生产效率，最大化地实现奶农和乳制品企业的利益，促进了产业的持续健康发展和竞争力提升。

“三聚氰胺奶粉”事件发生后，奶牛养殖主体的分化趋势越来越明显，散养户退出速度加快，规模化牧场快速发展，呈现出此消彼长的发展态势，奶牛规模养殖比重从 2010 年的 30.6% 提升到 2015 年的 48.3%（存栏 100 头以上奶牛，农业部现行统计标准）。但从整体看，中国乳业生产规模依然偏小，2015 年存栏 100 头以下的养殖场数量户仍然占 99% 以上。与同期乳业主产国相比，中国平均养殖规模明显偏低，不利于现代饲养技术的创新推广和生产效率的提高。数据见表 3－23。

表 3-23　　主要国家奶牛养殖规模：2011—2016 年　　单位：个、头

地区	2011 年		2012 年		2013 年		2014 年		2015 年		2016 年	
	牧场数	规模	牧场数	规模	牧场数	规模	牧场数	规模	牧场数	规模	牧场数	规模
美国	51481	179	49331	187	46960	196	46975	196	43500	214	41800	223
新西兰	11735	386	11798	393	11891	402	11891	402	12000	418	11900	420
欧盟	1038700	22	985500	23	922011	25	922011	25	580000	40	—	—
德国	88700	47	84900	49	80758	53	80758	53	73300	58	69200	61
日本	21000	70	20100	72	19400	73	19000	73	17700	49	17000	51
中国	2310158	7	2195721	8	1890592	8	1717652	10	—	—	—	—

资料来源：《中国奶业统计资料 2018 年》《2018 中国奶业统计摘要》。

3.4.5　质量安全

产品质量安全，是决定一个产业竞争力持续提升的关键。质量安全方面出了大问题，轻则折损一个企业，大能摧毁一个产业。2008 年发生的婴幼儿奶粉事件，是中国乳业发展的一个重大转折点，由于质量安全事件导致的消费信心丧失，给乳业发展造成了严重冲击。时至今日，其延续影响仍未完全消除，国内消费者在国外抢购婴幼儿乳粉就是佐证。

2008 年以来，国家采取有力措施加强乳业质量安全监管，推进乳业振兴发展。在收购和运输环节，全面开展奶站清理整顿，严格准入管理，坚决取缔不合格奶站，奶站数量从 2008 年的 2 万多个减少到 8500 个，奶站的基础设施、机械设备、检测手段和人员素质水平显著提升。生鲜乳运输车全部实现专车专用，持证运输。在乳品加工环节，落实《乳制品工业产业政策》，对乳制品及婴幼儿奶粉企业生产许可进行重新审核，淘汰了一批奶源无保障、生产技术落后的企业，大力推进婴幼儿配方奶粉企业兼并重组，优化产业结构，有力保障了乳品质量安全。经过 8 年的发展振兴，中国乳业的面貌焕然一新，质量安全水平大幅提升。据中国农业农村部发布的《中国乳业质量报告(2019)》，2018 年全国乳制品抽检合格率达到 99.9%，三聚氰胺等违禁添加物检测合格率连续 10 年保持 100%，乳蛋白乳脂肪等营养指标和菌落总数等卫生指标达到发达国家水平。

总体来看，中国乳业质量安全水平在严厉的监管下实现了跨越式发展，已达到乳业发达国家水平。但从实际情况看，消费者对于国内乳品质量安全

仍然存在疑虑，对于国内乳业发展的认知不够充分，如何把乳业质量安全发展成就和情况传达给消费者是近期要着重解决的问题。此外，部分散户和小规模养殖户质量安全控制也存在一定隐患，要加以重视。

3.4.6 产业政策

政府的支持政策和宏观调控在产业的发展壮大过程中有重要作用。1998年以来，省部级以上单位发布乳业相关产业政策60项（见表3－24），领域涉及养殖、收购、加工、运输、消费等多个环节，基本构建了乳业产业支撑政策体系。按政策对产业施加规制或提供政策的性质进行划分，分为：中性，即没有明显的规制；趋严，加以更完善的规制；新增，出现新的政策内容或规制领域；支持，有明显的政策倾向与扶持机制。根据上述分类标准，相关乳业政策趋于中性政策为6部，趋严性政策为18部，新增性政策为5部，支持性为31部。以上说明，目前中国乳业政策体系主要以支撑扶持性政策为主，占比高达51.7%，目标是助力推动乳业的全面发展；趋严性政策占比为30%，其中16部出现在2008年“三聚氰胺奶粉”事件之后，表明该事件成为乳业规制政策体系的关键时间点，其积极意义是促进了乳业相关产业环节的监管力度，加快乳业产业高质量发展的进程。此外，新增性政策数量不多，说明政策体系涉及领域相对比较集中。根据词频降序分析，相关政策主要涉及农业、奶牛、农村、畜禽等，表明目前出台的乳业政策聚焦产业链前端养殖生产环节，而对中端收购、加工、运输及后端消费环节关注减少。究其原因，主要是乳业整体归属于农业领域，而农业政策出台的核心目标是解决中国目前的“三农”发展问题，其中农民增收是政策目标的最终归属。所以在相关政府部门进行顶层设计和政策配套时，主要从奶牛养殖业角度出发，着重保护奶牛养殖户的利益与生产积极性。根据本章3.4.1—3.4.5相关研究可知，导致中国乳业的国际竞争力发展滞后的众多因素中，生产养殖环节的发展问题确实具有根源性，但乳制品消费市场发育与信心恢复、相关配套产业支撑能力、产业质量标准等多重影响同样至关重要。所以，目前的政策体系与乳业提升国际竞争力所需产业链的全面提升的发展需求间存在结构性支撑不足，而这将对乳业国际竞争力的持续与全面提升产生限制。因此，在产业政策体系建设方面，各级主管部门要加强对乳业产业链中后端领域的支持与规制，进一步完善前端奶牛养殖与原料奶生产环节的相关支撑保障政策与机制。

表 3-24 中国乳业相关政策梳理

时间	政策文件名称	主要内容	主要针对对象	颁布机构	变化方向
1998 年 11 月 5 日	《种畜禽生产经营许可证》管理办法	对种畜禽生产场、种公牛站应当具备的基本条件、发证程序等作了规定	养殖户	农业部法规司	中性
2001 年 11 月 3 日	《中国食物与营养发展纲要》（2001—2010）	奶业是优先发展的重点食物领域之一	市场	国务院	支持
2003 年 11 月 12 日	关于加快农垦养殖业发展的意见	加强东北奶牛优势区和华北优势区，以及京、津、沪奶牛优势区奶源基地建设，重视中小城市郊区奶业的发展	养殖户	农业部农垦局	支持
2005 年 3 月 23 日	奶牛良种补贴试点项目资金管理暂行办法	奶牛良种补贴	养殖农户	农业农村部	新增
2005 年 6 月 7 日	关于加强国家"学生饮用奶计划"工作的通知	做好优质原料奶基地建设工作，加强生鲜原料奶监督管理，从源头保证学生饮用奶质量安全	养殖户、生产企业	农业部农垦局	趋严
2005 年 7 月 8 日	关于加强中国学生饮用奶标志管理的通知	全国各学生饮用奶定点生产企业生产的学生饮用奶都必须在包装盒（袋）上印制统一的中国学生饮用奶标志	乳企	农业部农垦局	趋严
2006 年 6 月 14 日	关于加快推进农垦现代农业建设的意见	加强良繁基地建设，全面推行高效、生态、健康的标准化、规模化集成养殖技术	养殖户	农业部	支持
2007 年 1 月 26 日	关于促进畜牧业持续健康发展的意见	加快推进畜牧业增长方式转变，健全畜牧业发展保障体系，加大畜产品生产流通环节监管力度，进一步完善政策措施	养殖户	国务院	支持
2007 年 9 月 27 日	关于促进奶业持续健康发展的意见	恢复养殖信心，稳定奶牛存栏；建立奶业持续健康发展长效机制，推进奶牛生产方式转变，提升奶业综合生产能力	养殖户	国务院	支持
2007 年 9 月 27 日	关于促进奶业持续健康发展的意见	保证乳品质量安全，分清责任，进一步明确分段管理体制，严格限制奶站开办主体，严格规范生产、收购行为	养殖户、消费市场	国务院	支持

续表

时间	政策文件名称	主要内容	主要针对对象	颁布机构	变化方向
2008年10月6日	乳品质量安全监督管理条例	对乳品生产、收购、加工、销售等各环节进行全面整改，加大扶持力度	养殖户、奶站	国务院	趋严
2008年11月19日	奶业整顿和振兴规划纲要	规范生鲜乳的生产、收购、运输以及监督检查	市场	国家发展和改革委员会、农业部、工业和信息化部等	趋严
2008年11月7日	生鲜乳生产收购管理办法	国家支持畜禽养殖场、养殖小区建设畜禽粪便、废水的综合利用或者无害化处理设施	养殖场、生鲜乳收购站	农业部	趋严
2008年2月28日	中华人民共和国水污染防治法	完善液态奶标准并严格按标准组织生产，实行生产备案制度，严格产品标识标注管理，加大执法力度，做好宣传工作	养殖户	全国人民代表大会	趋严
2008年3月28日	关于促进奶业持续健康发展的意见	奶牛品种国内消费需求量大，生产有潜力，是确保国内基本供给或具备较强出口优势的主要农产品	养殖户、加工企业、市场	国务院	支持
2008年3月28日	关于加强液态奶生产经营管理的通知	加强质量安全监督	加工企业	国务院办公厅	趋严
2008年9月12日	全国优势农产品区域布局规划（2008—2015年）	彻底摸清底数、强化督促检查、从严查处违法行为、建立管理制度	养殖户	农业部	支持
2008年9月20日	关于进一步做好婴幼儿奶粉事件处置工作的通知	深入奶牛养殖场了解实际困难，开展农垦现代化养殖示范场创建工作，大力推进垦区的规模化、标准化奶牛场建设	加工企业	国务院办公厅	趋严
2008年9月21日	关于开展全国奶站专项整治行动的通知	选择大城市郊区、东北、华北、西北13个省（区、市）的奶牛养殖基地县（团场）作为奶牛生产优势区域	奶站	农业部等	趋严
2008年9月25日	关于促进农垦奶业生产稳定发展的通知	加快推进生鲜乳收购站清理整顿，加强生鲜乳收购站标准化管理，维护正常的生鲜乳收购秩序	养殖户	农业部办公厅	支持
2009年1月24日	全国奶牛优势区域布局规划（2008—2015年）	规范基础设施、机械设备、质量检测、人员要求、操作规范、管理制度和卫生条件	养殖户	农业部	支持

续表

时间	政策文件名称	主要内容	主要针对对象	颁布机构	变化方向
2009年10月29日	关于加快推进生鲜乳收购站清理整顿工作的通知	替代了GB 19301－2003鲜乳卫生标准（现已废止）	生鲜乳收购站	农业部办公厅	趋严
2009年3月23日	生鲜乳收购站标准化管理技术规范	加强标准化规模养殖规划布局，推行畜禽标准化生产和产业化经营，抓好畜禽养殖污染的无害化处理	生鲜乳收购站	农业部	趋严
2010年3月26日	出台《食品安全国家标准——生乳》	支持奶牛规模养殖场（小区），重点加强养殖场基础设施和畜禽养殖废弃物污染防治以及疫病防控设施建设	养殖户	卫生和计划生育委员会	趋严
2010年3月29日	关于加快推进畜禽标准化规模养殖的意见	对于进口奶牛或种牛，货主可凭出入境检验检疫部门出具的《入境货物检验检疫证明》直接运往国内目的地	养殖户	农业部畜牧业司	中性
2010年3月9日	关于统筹推进新一轮"菜篮子"工程建设的意见	加强奶牛良种补贴	养殖户	国务院办公厅	支持
2010年5月5日	关于准许进口奶牛种牛运输的通知	严把生产经营许可关、强化检验检测、强化婴幼儿配方乳粉监管、加大非法生产经营乳品打击惩处力度	进口市场	农业部兽医局	支持
2010年6月9日	关于进一步加强奶牛良种补贴项目管理的通知	启动实施振兴奶业苜蓿发展行动，推进奶牛规模化养殖小区建设，制定和实施动物疫病防控二期规划，及时处置重大疫情	养殖户	农业部办公厅	支持
2010年9月25日	关于进一步加强乳品质量安全工作的通知	示范场确立及监督政策	养殖户、加工企业	国务院办公厅	趋严
2011年12月31日	关于加快推进农业科技创新持续增强农产品供给保障能力的若干意见	支持在优势主产区建设一批大型冷冻冷藏中心、推动农产品流通按产业分类管理	养殖户	农业部	支持
2011年3月10日	农业部畜禽标准化示范场管理办法（试行）	加强奶牛良种补贴	养殖户	农业部畜牧业司	趋严
2011年9月16日	关于贯彻《关于促进物流业健康发展政策措施的意见》的通知	发展畜禽标准化规模养殖，加快奶牛品种改良，开展奶牛生产性能测定，继续振兴奶业苜蓿发展，加强消费引导	物流	农业部	支持

续表

时间	政策文件名称	主要内容	主要针对对象	颁布机构	变化方向
2012 年 5 月 14 日	关于加强 2012 年奶牛良种补贴项目管理的通知	以环境保护优化畜禽养殖产业发展，加强畜禽养殖环境保护监管，鼓励扶持废弃物综合利用，予以税收优惠	养殖户	农业部办公厅	支持
2013 年 1 月 9 日	关于做好 2013 年农业农村经济工作的意见	我国将试行药店专柜销售婴幼儿配方乳粉制度	养殖户	农业部	支持
2013 年 10 月 8 日	畜禽规模养殖污染防治条例	转变“学生饮用奶计划”工作方式，将工作整体移交中国奶业协会，学生饮用奶纳入相关职能部门的生产和质量监管	养殖户	国务院	新增
2013 年 6 月 16 日	关于进一步加强婴幼儿配方乳粉质量安全工作的意见	制定实施奶牛遗传改良计划，继续实施振兴奶业苜蓿发展行动，加快推进奶牛生产性能测定，强化饲料质量安全监管	市场	食品药品监管总局等	趋严
2013 年 9 月 11 日	关于调整学生饮用奶计划推广工作方式的通知	确立了 2015 年和 2018 年阶段性目标，确定了对下一步乳粉企业兼并重组的原则，简化审批手续	市场	农业部	趋严
2014 年 1 月 21 日	关于切实做好 2014 年农业农村经济工作的意见	标准化规模养殖场	养殖户	农业部	中性
2014 年 6 月 6 日	推动婴幼儿配方乳粉企业兼并重组工作方案	继续实施振兴奶业苜蓿发展行动，加大对中小规模奶牛标准化规模养殖场改造升级，促进小区向牧场转变	婴幼儿配方乳粉企业	工业和信息化部等	趋严
2015 年 2 月 17 日	关于进一步调整优化农业结构的指导意见	进一步加强奶牛养殖兽药等投入品使用管理、进一步加强生鲜乳收购站管理、进一步加强生鲜乳兽药残留监控	养殖户	农业部	支持
2015 年 5 月 4 日	关于促进草食畜牧业加快发展的指导意见	加强奶源基地建设，强化生鲜乳质量安全监管，继续实施振兴奶业苜蓿发展行动，提升中国奶业 D20 示范带动能力	养殖户	农业部	支持
2015 年 7 月 21 日	关于进一步加强奶牛养殖及生鲜乳收购环节兽药监管工作的通知	加快推进畜禽适度规模养殖，发展特色乳制品和功能性产品；完善仓储（冷链）物流建设	养殖户	农业部办公厅	趋严
2016 年 1 月 18 日	关于扎实做好 2016 年农业农村经济工作的意见	全面振兴奶业，重点支持适度规模的家庭牧场，引导扩大生鲜乳消费，严格执行复原乳标识制度，培育国产优质品牌	养殖户	农业部	中性

续表

时间	政策文件名称	主要内容	主要针对对象	颁布机构	变化方向
2016 年 11 月 17 日	全国农产品加工业与农村一二三产业融合发展规划（2016—2020 年）	以种畜禽场、乳用动物饲养场（养殖小区）为重点，严把三道关，严厉打击违法违规行为，降低动物疫病传播风险	养殖场、加工企业	农业部	支持
2016 年 12 月 31 日	关于深入推进农业供给侧结构性改革 加快培育农业农村发展新动能的若干意见	规范生鲜乳购销秩序	养殖户、加工企业、市场	国务院	支持
2016 年 4 月 29 日	关于开展跨省调运种用动物、乳用动物专项整治行动的通知	奶牛以荷斯坦牛为主，突出生产性能好、适应范围广的主导品种	养殖户	农业部办公厅	支持
2016 年 5 月 27 日	生鲜乳购销合同（示范文本）	培育龙头示范企业、大型农产品流通企业集团，鼓励骨干企业制定严于国家标准的企业标准，打造农产品优质品牌	加工企业	农业部等	中性
2016 年 6 月 22 日	关于促进现代畜禽种业发展的意见	在中华人民共和国境内生产销售和进口的婴幼儿配方乳粉产品采取配方注册管理	养殖户	农业部	支持
2016 年 6 月 27 日	京津冀农产品流通体系创新行动方案	针对不同废弃物特点，优化集成技术方案，探索有效利用路径	企业、市场	国家发展和改革委员会等	新增
2016 年 6 月 6 日	婴幼儿配方乳粉产品配方注册管理办法	设施化畜禽养殖的通风、除湿、饲喂、捡蛋、挤奶等装备配备识别、计量、统计、分析及智能控制装备	乳企	国家食品药品监督管理总局	新增
2016 年 8 月 11 日	关于推进农业废弃物资源化利用试点的方案	粮改饲试点。高产优质苜蓿示范基地建设	养殖场	农业部	趋严
2016 年 8 月 29 日	“十三五”全国农业农村信息化发展规划	养殖场标准化改造	养殖场	农业部	中性
2017 年 3 月 23 日	2017 年重点强农惠农政策	规范环评内容和要求。对畜禽规模养殖相关规划依法依规开展环境影响评价，调整优化畜牧业生产布局	养殖户	农业农村部、财政部	支持
2017 年 5 月 25 日	关于充分发挥农业政策性金融作用合力推进农垦改革发展的意见	深入实施奶业振兴行动。继续实施振兴奶业苜蓿发展行动，以奶牛养殖、乳品加工为重点做强奶业	养殖户	农业部办公厅等	支持

续表

时间	政策文件名称	主要内容	主要针对对象	颁布机构	变化方向
2017 年 5 月 31 日	办公厅关于加快推进畜禽养殖废弃物资源化利用的意见	全面推进标准化规模养殖，普及全混合日粮饲喂技术，提升乳品加工销售能力，建立健全产业链利益联结机制	养殖户	国务院办公厅	支持
2017 年 6 月 9 日	办公厅关于印发 2017 年推进北方农牧交错带农业结构调整工作方案的通知	加快确立奶农规模化养殖的基础性地位、做强做优乳制品加工业、促进养殖加工融合发展、大力引导乳制品消费	养殖户、乳企	农业部办公厅	支持
2017 年 8 月 3 日	关于加快东北粮食主产区现代畜牧业发展的指导意见	高产优质苜蓿示范基地建设、畜禽粪污资源化处理	养殖户	农业部	支持
2018 年 12 月 26 日	关于进一步促进奶业振兴的若干意见	确立奶业的战略地位，围绕奶源基地建设、乳制品加工流通、乳品质量安全监管以及消费引导等方面作出全面部署	各环节	农业农村部等	支持
2018 年 4 月 3 日	2018 年财政重点强农惠农政策	以强化质量安全铸就品牌为主要任务，培育出一批具有影响力的产品品牌、企业品牌和区域公用品牌	养殖场、奶农合作社	农业农村部财政部	支持
2018 年 6 月 11 日	关于推进奶业振兴 保障乳品质量安全的意见	推进农民合作社高质量发展	养殖户、企业	国务院办公厅	支持
2019 年 3 月 22 日	奶业品牌提升实施方案	重点支持制约奶业发展的优质饲草种植、家庭牧场和奶业合作社发展。促进鲜奶产量增加、品质提升	加工企业	农业农村部办公厅	支持
2019 年 4 月 10 日	关于印发共同促进农民合作社质量提升实施方案的通知	对种畜禽生产场、种公牛站应当具备的基本条件、发证程序等作了规定	农民合作社	农业农村部办公厅、中粮集团有限公司	支持
2019 年 4 月 16 日	2019 年重点强农惠农政策	奶业是优先发展的重点食物领域之一	家庭牧场、奶业合作社	农业农村部、财政部	支持

资料来源：作者整理。

3.5 本章小结

截至 2017 年，中国乳业发展进口依存度仍然较高，且进口主要集中在大洋洲、北美洲和欧盟等地，国产乳制品的国际贸易竞争力不强。本章首先对

1998 年以来，世界乳制品总体贸易水平、趋势、结构特征等进行了分析，其中特别针对中国乳制品的贸易情况从贸易规模、进口来源地及国际竞争力三个方面具体阐述，揭示出中国乳业国际贸易发展的变化规律。其次，从生产成本效率、需求、产业链发展、组织形式与规模经济、质量安全、产业支撑政策体系等方面对中国乳业国际竞争力现状进行影响因素分析。本章得出以下结论：

（1）通过对 1998—2017 年世界乳制品贸易情况的数据描述，发现贸易规模呈线性增长，其中进口年均增长率达到 6.41%、出口年均增长率达到 6.67%。其中，乳酪一直是世界进出口比重最高的乳制品，占比四成左右。新西兰、澳大利亚、欧盟和美国是世界乳制品进出口贸易的主要市场。

（2）伴随着出口不断下滑，中国乳制品进口量却一路上涨，2017 年出口占进口量比重仅为 1.5%，中国乳业进口依存度进一步增长。其中，液态奶进口主要来自新西兰和德国，奶粉等干乳制品进口主要来自新西兰、美国、澳大利亚、德国、法国和丹麦等六国。

（3）通过采用国际市场占有率、显示性比较优势指数及贸易特化指数对澳大利亚、美国、新西兰、荷兰、德国、中国及法国等 7 国进行了乳制品竞争力分析，通过指标测算中国乳制品 MS 及 RCA 指数明显低于其他乳制品发达国家，同时 TC 指数为负值、且接近 -1，再次验证了中国处于乳制品净进口地位。综上，目前中国乳制品缺乏国际竞争力，而新西兰、德国等则在国际贸易中居于强势地位。

（4）导致中国乳制品国际竞争力水平低下的因素众多，其中奶牛养殖成本高、牛奶生产效率低是核心原因；中国乳制品市场处于分化期，对进口乳制品偏好明显，也造成了进口产品对国产产品的市场冲击；奶牛养殖环节的饲料进口数量增长较快，配套饲料产业发展整体平稳但对乳业支撑依然不足；奶牛养殖规模化程度不高，养殖效率仍低于世界水平。

综上，中国是乳业大国却远不是乳业强国，且在提升乳制品国际竞争力的过程中仍有众多难点有待突破。但同时也应看到的是，中国乳制品加工业发展速度远超过多数乳业发达国家，国内乳制品的质量安全经过了跨越式发展，同时乳业政策支持体系不断完善。以上发展也为中国乳业国际竞争力提升、产业结构优化提供了基础。

第四章 贸易自由化下中国乳业贸易发展影响研究

自2002年以来，中国在全面履行入世承诺的同时开启了FTA（Free trade agreement，自由贸易协定，下同）建设的进程。截至2018年底，中国已签署16个FTA①。其中，与乳业贸易关系最为密切的主要为与新西兰、澳大利亚间自由贸易协定的签署以及“一带一路”倡议的实施。从学术研究角度来看，学者们关于乳业贸易研究主要集中在中国与乳业发达国家之间，特别是在中新、中澳自由贸易协定签署对中国乳业贸易及中国乳业整体发展的影响方面已经积累了丰富的研究素材；2013年，“一带一路”倡议提出后，中国参与贸易自由化程度与范围进一步发展，现有文献对中国与“一带一路”国家之间的贸易潜力研究主要涉及农业、服务业、石油、制造业等。从乳业发展实践活动来看，新西兰、澳大利亚目前是中国原料奶的主要进口国，且包括光明、蒙牛、澳优、伊利、贝因美等在内的中国乳制品加工企业通过对外直接投资，在这两个国家进行乳业生产基地或研发基地建设。因此，选取中国—新西兰、中国—澳大利亚自由贸易协定签署以及“一带一路”倡议作为影响乳业发展的贸易自由化的主要内容。本章分析了“一带一路”倡议下中国乳业国际化的发展趋势、测算了中国与“带路”国家间的乳业贸易发展潜力，

① 16个FTA分别为：中国—毛里求斯、中国—马尔代夫、中国—格鲁吉亚、中国—澳大利亚、中国—韩国、中国—瑞士、中国—冰岛、中国—哥斯达黎加、中国—秘鲁、中国—新西兰、中国—新加坡、中国—新加坡升级、中国—智利、中国—智利升级、中国—巴基斯坦、中国—巴基斯坦第二阶段、中国—东盟、中国—东盟（“10+1”）升级、内地与中国港澳更紧密经贸关系安排。资料来源：中国自由贸易服务区网站 http：//fta. mofcom. gov. cn/。

同时以 FTA 签署对中国乳制品的进口与乳业产业链主要环节发展进行影响分析。

4.1 “一带一路”倡议下中国乳业国际化发展趋势

2013 年 9 月 10 日，国家主席习近平在访问哈萨克斯坦和印度尼西亚两国时，先后提出了共同建设“丝绸之路经济带”和“21 世纪海上丝绸之路”的发展构想与倡议，简称为“一带一路”倡议。目前全球已有超过 60 个国家和组织响应该倡议。“一带一路”倡议符合国家优势互补、开放发展的共同需求，也为各国经济带来了新的发展机遇与平台，于中国而言也为国内改革开放、产业升级转型、经济区域平衡等提供了新的契机。国际贸易合作是“一带一路”倡议的重点，其贸易效应有利于提高贸易自由化，促进中国区域贸易自由化与地缘经济发展进入崭新的发展阶段，构建区域内各国良好的合作环境，激发更多的合作潜力，促进双边贸易增长。从产业国际化发展角度来看，“一带一路”倡议促进产业集群发展，是中国新一轮引进来和走出去的重点，有助于推进产业知识积累与溢出、技术效率提升、成本结构优化与市场拓展、品牌打造与创新。

4.1.1 影响中国乳业贸易的内外部环境

古丝绸之路沿线地区曾经是“流淌着牛奶与蜂蜜的地方”，当丝绸之路上的第一批商旅在驼铃声中启程时，干奶酪等易保存、易携带的乳制品就是行囊里的重要物资。所以，可以说乳业本身就含有的“一带一路”基因，而“一带一路”倡议新的发展内涵和更高的经贸发展层次，也使得该背景下的乳业发展具有了全新的思路和潜力。

（1）“一带一路”倡议为中国乳业提供全球资源体系。中国乳业是中国现代化、国际化水平较高的食品行业之一，并在全球化的浪潮中得到了很大发展。近年来，中国乳业以企业为载体在奶源基地、市场信息、前沿技术、管理人才等方面都在加速与国际融合。“一带一路”倡议在促进国内外资本、资源和技术等优势互补、增强国际竞争力上为乳业创造了更广阔的空间，也为中国乳业“引进来、走出去”提供了更多的机会。

（2）“一带一路”倡议为中国乳业创新体系的发展提供了平台。虽然经过近十年的重振和发展，中国乳业逐渐摆脱了“三聚氰胺奶粉”事件的不利影响，其生产已经达到甚至超过了2008年前的水平，但仍然“大而不强”，处于国际化的初级阶段。当前，中国乳业与国际技术合作不够深入，较国际先进水平而言产业标准化程度不高。另外从全产业链角度看，乳业加工投资周期长、生产成本偏高，养殖加工脱节问题严重、缺乏稳定的利益联结机制，在国际上品牌不响亮、缺乏国际竞争力等这些都是乳业高质量发展需要解决的核心问题。而以上问题解决的关键所在就是乳业创新，具体包括生产技术创新、经营管理创新、产业发展模式创新、资源整合方式创新、政策与标准创新等。“一带一路”倡议恰恰为中国乳业的全面创新发展提供合作平台，在企业投融资、产业对接、品牌建设、资源优化、市场拓展等方面为信息获取和战略合作提供了机会。

（3）“一带一路”倡议有助于中国乳业全球化市场体系的建设。中国乳业提升国际竞争力的基础是构建全球化的市场体系。该体系的建立首先需要实现资源要素在全球的充分流动，即优良奶牛品种、养殖加工技术、配套设备及管理体系、管理人才、资金、市场信息等，其中信息、资金、商品和服务以及人才的流动相对较为容易，各类技术的流动则相对困难。“一带一路”倡议为中国乳业技术知识的流动提供了更为广阔的通道，不少中国乳制品企业在乳业发达地区打造了研发创新合作基地或项目，也有不少企业在全球乳业一体化生产基地的建投过程中输出了管理技术与标准。其次，在中国乳业的全球化市场体系的建设过程中，要不断加强体系的自我强化与更新功能，通过中国乳业资源要素整合能力的增长与国际竞争力的提升，强化中国乳业的经济虹吸能力，使更多的社会资源乃至国际资源向中国乳业聚集，提升中国乳业高质量发展的动力潜能。并且，通过资源配置的优化，逐渐淘汰落后产能与生产方式，提高产品质量安全水平，促进国内市场信心恢复，推进中国品牌海外发展。

（4）乳业发展将成为“一带一路”倡议重要的载体，并有助于贸易纽带的建立。经贸合作是“一带一路”倡议的核心内容，目前中国与各伙伴国已经在道路交通、港口建设、管线建设等众多方面有突出成效。根据中国商务部数据，2017 年，中国对“一带一路”国家的进出口总额达到 14403.2 亿美元，同比增长 13.4%，高于中国整体外贸增速 5.9%，占中国进出口贸易总额的 36.2%。中国对“一带一路”沿线国家投资 143.6 亿美元，占同期中国对外投资总额的 12%。在“一带一路”倡议下乳业一体化发展，不仅为经贸合作创造了新的增长极和着力点，也有助于提高各国国内乳制品质量、乳业及相关产业发展、解决劳动力就业等，从而构建良好合作环境，建立长期产业贸易合作关系。

4.1.2　促进世界乳业国际贸易的新格局形成

当前，较世界主要奶业发达国家生产水平相比，中国乳业不仅产量大且增速较快（详见表 2－16），产业技术效率提升、行业标准化、品牌化程度不断提高，企业海外发展进程快速推进，中国乳业国际影响力逐渐增强，不少中国乳制品企业生产的产品开始占据海外市场份额。与此同时，日益增长的国内乳制品消费需求与“多极化”趋势、贸易自由化进程的推进与自由贸易区的建立与发展，又为中国乳业进口量进一步扩大、国外乳制品参与国内市场竞争创造了机遇。基于上述内部与外部的贸易情况变化，在“一带一路”倡议背景下，中国乳业的贸易新格局将逐渐形成，并对中国乳业的发展产生了深远影响。

4.1.2.1　世界乳业贸易新格局形成的原因

（1）世界乳业贸易新格局是世界乳业资源整合的产物。当前，全球乳制品行业竞争日趋激烈，各国乳制品企业积极整合资源、形成规模效应，“抱团取暖”已成为谋求发展、提升国际竞争力的首选途径。所涉及的领域，包括奶源建设、技术研发、贮存加工、运输销售等众多环节，表明全球乳业资源在广度和深度两个维度同步加速整合。在此背景下，国际乳业贸易合作变得愈发频繁和多样化，多边贸易依存度不断提高，乳制品贸易商品与相关技术服务贸易的种类不断丰富，乳业发达国家通过此过程国际竞争力得到进一步提升，国际市场占有率水平快速提高。面对当前的全球乳业资源分配布局，中国乳业也必须做出相应调整，形成新的贸易格局以适应环境变化。

（2）中国乳业国际化发展是区域贸易自由化发展到一个新阶段的产物。随着中国改革开放进程的不断推进，中国参与区域贸易协定的力度在不断加大，“一带一路”倡议的提出，不仅进一步提升了中国贸易自由化水平，也重塑了中国在区域贸易自由化发展中的地位和作用。随着中新、中澳自由贸易协定的签署，乳制品本身就是双边自由贸易中的重要组成部分。所以，中国宏观经济国际化发展的需要决定了中国乳业必然面临新的冲击，冲击引导资源的重组与集聚，也迫使市场加速发育，从而客观决定了中国乳业国际化发展战略的重新调整。

（3）中国乳业国际化发展是乳业经济不平衡发展的结果。中国乳业经济发展的不平衡表现在：从全产业链经济发展角度来看，养殖业发展较国际先进水平效率低、成本高，养殖加工联动形成产业链内部博弈；从市场产品供需来看，液奶领域供给水平发展较快但干乳部分相对滞后，高端乳制品供给水平不足，市场需求总量高且高端乳制品消费需求增长快。因此导致中国乳业进口依存度不断提高，国内乳制品企业争先强占国际奶源，国外产品国内市场份额不断提升，中国乳业国际贸易条件发生根本变化。

（4）中国乳业国际化发展符合行业发展的根本利益与需要。由于中国国内乳业利润进一步摊薄、竞争加剧，中国乳制品企业为谋求利润与提升竞争力需要整合国际资源，同时引进先进的技术与管理人才。从国内消费市场来看，目前消费者对国外乳制品尤其是婴幼儿奶粉的偏好难以改变，需求拉动市场份额调整与进口量增加。另外，国内乳制品企业国际化发展也有开拓国际市场的需要，未来在“一带一路”倡议的影响下，会有更多的乳制品企业“走出去”，更多的中国乳制品及品牌进入国际市场，从而推动中国乳业出口的发展。

4.1.2.2 中国乳业国际化发展的特点

（1）中国乳业参与国际乳业“一体化”程度加深。根据产业发展理论，国际化是产业发展的必然过程，中国乳业正逐步建立新的国际“朋友圈”，从奶源基地建设、生产加工技术研发、全球品牌共建等方面与贸易伙伴国开展了广泛而深入的合作。虽然产业链前段的养殖环节与乳业发达国家相比还有较大差距，导致国内生鲜乳价格与国际价格还有较大出入，但国内奶牛养殖业已经引入了大量先进养殖管理技术、设备以及优良的奶牛品种，冻精技术也已达到国际先进水平，在硬件、软件上逐步与国际先进水平对接。国内消费市场已经基本完成了与国际市场的融合，市场信息共振，从而进一步推动了中国乳业融入国际乳业一体化发展的浪潮中。

（2）中国乳业国内市场消费与贸易空间“多极化”趋势增强。随着国内消费者收入水平及对膳食结构营养认识水平的不断提高，加之乳业广告营销与欧美等主要乳业消费国文化的对外输出，无论是在奶酪等新兴乳制品市场，还是在日趋饱和的液态奶传统成熟市场，消费者的需求量增长、需求偏好趋于“多极化”，对于新的细分产品和新品类，表现出较高的关注和热情。尤其近年来高端乳制品消费需求上升速度快，对进口高端乳制品需求上升明显。同时，消费者对于功能性乳制品及含乳饮料的消费偏好程度也呈上升趋势。另外，在“一带一路”倡议背景下，中国乳业国际贸易伙伴国范围不断延伸，中亚、东北亚及中东欧等新兴市场不仅丰富了中国海外奶源基地建设，中国乳业市场为世界乳业的发展带来了更为广阔的市场空间，并不断激发着行业创新，也推动中国乳业在激烈的竞争中快速成长，并与世界乳业文化不断融合。

（3）中国乳业贸易未来以“智能化”为重点。创新已经成为了全球乳业发展的根本推动力，随着全球新一轮科技革命的推进，物联网、云计算、大数据等智能化信息技术已开始运用与乳制品企业的生产管理中，并向畜牧业养殖、终端配送等两级延伸，全球乳制品企业的“智能化”革命已到来。中国政府提出“中国制造2025”战略，其核心就是“智能制造”。中国乳业打造“智能制造”需要加强新技术、新工艺的研发与引进，并应用于全产业链，所以中国乳业未来贸易的重点会从以前的原料奶、乳制品转向以提升“智能化”水平为核心的各类先进技术与工艺手段。

（4）中国乳业贸易目标市场“国际化”水平提升。2013年以前中国乳制品企业的竞争集中在国内市场，虽然已经开展了一定水平海外发展，但其目的仍然在于锁定国内市场份额，对外出口流向地集中且出口水平较低。2014

年以来，中国乳业“走出去”的水平不断提升，国际乳业市场参与能力加强，随着不少中国乳制品企业在国外建立产业基地、研发基地等并与多个国外知名品牌开展各个层次的战略合作，中国乳业的国际化水平得到快速提升。同时，中国乳业逐步谋求开拓国际市场，通过品牌合作等方式挤占市场份额。另外，“一带一路”倡议为中国乳业打造新兴目标市场带来了契机，在与响应该倡议的各伙伴国的贸易关系推进过程中，中国乳业乘此东风进行品牌推广，开辟新的市场空间和合作机会。

（5）未来中国乳业贸易将与国际乳业贸易“趋同化”发展。中国乳业贸易目前主要集中在液态奶与奶粉这两类乳制品，尤其以婴幼儿奶粉为主。随着国内市场信心的恢复，中国乳制品品牌的市场美誉度和国际影响力提升，以及“二孩”时代的到来带来的快速增长的需求量，可以预期中国乳制品企业在国内奶粉市场份额将得到快速恢复和增长。另外，中国乳制品消费市场内容不断丰富和升级，奶酪等新兴乳制品的消费也会得到明显发展。“一带一路”倡议下社会文化产生新的融合和共同作用，消费者的乳制品消费偏好亦会进一步与国际接轨。在以上因素的影响下，中国乳业贸易的贸易结构和贸易水平将逐步与国际乳业同步发展。

4.1.2.3 中国乳业国际化产生的影响

（1）中国乳业贸易新格局奠定了未来中国乳业发展的格局。中国乳业贸易的新格局决定了中国乳业从规模化发展向高质量发展转变：中国奶牛规模化养殖技术装配水平与管理技术要进一步提升，养殖效率水平需要快速增长以保障养殖业利润水平增长；大型乳制品加工企业经营管理水平整体达到世界先进水平，中小型乳制品加工企业进一步建立健全现代化生产经营管理体系；乳制品冷链物流要素投入进一步增加，乳制品质量和行业标准与世界先进水平并轨；中国乳业发展支持政策符合贸易自由化发展要求，并在汲取国际乳业发达国家乳业发展配套政策的基础上，进行政策安排与机制创新。

（2）中国参与国际乳业分工的格局将发生新的变化。中国乳业发展资源禀赋与乳业发展国家相比处于劣势，且在可预见的未来一段时期，这种形势不会得到明显改善。因此，中国乳业的发展将有相当的时期需要依靠国外奶源，所以乳资源分工化发展成为了必然结果。例如，中国养殖业谋求生存空间，与国外进口低价原料奶相比必须优先发展优质低温生鲜乳，主要用来做巴氏鲜奶、UHT 奶和酸奶这类生鲜程度要求较高的乳制品。在奶粉领域中国乳业参与国际分工能力增强，中国乳制品企业奶源供应将进一步依赖海外奶源基地，并且初级加工环节也基本放在海外奶源基地，但品牌经营与流通领域会更多集中在国内，产业分工模式与国际接轨。

（3）未来中国乳业贸易将出现一个新的增长时期。一方面，随着中国乳制品市场需求的不断扩张与“多极化”趋势、中国乳业发展对国外先进技术与奶源的需求，以及中国进口乳制品质量标准的提升，中国乳制品的进口规模和质量均进一步提升。另一方面，“一带一路”倡议下中国乳制品企业可以大力发展新兴出口市场，加之乳制品企业海外发展水平提升，国际影响力增强，中国乳制品的出口也会得到新的发展。

（4）中国乳业贸易新格局对多边国际贸易关系产生影响。中国乳业的贸易发展，将加深中国与“一带一路”伙伴国及乳业贸易伙伴国之间的贸易联系，并且通过资源分工、产业对接与品牌共建和战略合作，还能促进伙伴国资源要素的流动、提升社会福利，有助于建立长期稳定的贸易关系。另外，随着中国乳业贸易版图和结构的变化，中国与多边国家构成的乳业贸易体系将逐渐形成并且贸易条件不断优化，贸易弹性和贸易结合度也将随之调整。

综上，中国乳业国际化将推进中国乳业跨越式发展，从全产业链及相关价值链方面推进中国乳业的技术创新和生产管理水平，进而推进中国乳业实现现代化、国际化、标准化发展。中国乳业作为农业的重要组成部分，中国乳业的高质量发展将进一步推动中国农业现代化进程。

4.1.3　促进中国乳业贸易条件的改善

（1）贸易自由化带来贸易条件变化，其中减免关税水平将产生直接影响。根据 FTA 相关理论，以及中新、中澳自由贸易协定签署后对于中国乳业冲击影响的现实经验，“一带一路”倡议下中国与伙伴国之间的贸易政策对乳业贸易影响最大、最直接的是针对乳制品关税税率的调整。贸易伙伴国之间关税减免直接影响了进口产品的价格，从而提升了进口产品市场竞争力，对本土市场形成价格冲击，进而影响全产业链的发展。在该倡议下，可以预期中国很有可能将逐渐降低贸易伙伴国包括乳制品在内的产品进口关税税率，这将对中国乳业产生极大冲击，并进一步影响中国宏观经济。

（2）“一带一路”倡议下中国与伙伴国乳业多边合作更加紧密，将推进全球乳业一体化发展，有利于形成区域统一的乳制品市场体系。在此过程中，中国与贸易伙伴国通过贸易协商与谈判，以及产业对接与融合，针对乳业的非关税贸易壁垒会进一步降低，促进彼此乳业的进出口贸易。同时，随着中国乳业行业标准的进一步完善与有序的国内竞争环境的形成，出口乳制品质量水平与安全水平将进一步提升。综合上述情况，中国乳业国际贸易总量水平将进一步增加，使得乳业国际贸易在农产品国际贸易中的重要性和贡献度增强。

（3）“一带一路”国际合作交通运输先行，对乳业国际贸易成本降低与销售物流半径扩展均具有重要推动作用。习近平总书记在“一带一路”国际合作高峰论坛开幕式上的主旨演讲，明确指出设施联通是合作发展的基础，其中交通运输等基础设施的“硬件”建设已经取得了实质性进展。当前，在逐步完善各国跨境路上交通基础设施、积极推动海上互联互通的运输通道的基础上，进一步创造便利的国际运输软环境，促进跨国运输的协作。交通运输业互联互通的发展将为中国乳业国际贸易带来极大的便利，首先显著降低运输成本，加快市场交易频率，提高贸易效率。尤其对于需要全程冷链运输的高端乳制品，交通运输的发展可以促进运输半径的增加，有助于开发新兴市场，创造新的市场份额。所以交通运输条件的改善，也会影响中国乳业的国际贸易，从而对中国乳业发展带来新的机遇与挑战。

4.2 中国与“一带一路”国家乳业出口贸易潜力分析

4.2.1 乳业贸易的紧密度分析

当前，学者们主要运用 HM 指数（Hubness Measurement Index）来分析两个或多个地区之间的贸易依赖程度。HM 指数可以测算自由贸易协议网络中的潜在轴心经济体，反映经济体之间的贸易依赖非对称性。所以，通过计算HM指数可以分析中国和部分沿线国家间的乳品出口贸易集合度，计算公式为：

$$HM_{ab} = \frac{X_{ab}}{X_a} \times \left(1 - \frac{M_{ab}}{M_b}\right) \tag{4.1}$$

其中，HM_{ab}表示a国乳业贸易出口对b国的经济依赖程度，取值范围为0~1，值越大表明依赖程度越强。X_{ab}表示a国向b国出口额，X_a表示a国的出口总额，M_{ab}表示a国向b国进口额，M_b表示b国的进口总额。

由表4-1可知，2013—2017年，中国总体出口"一带一路"沿线国家的乳业贸易程度较低。从横向来看，中国向新加坡、马来西亚、缅甸、埃及的乳业出口依赖程度逐渐下降，虽然与泰国和阿拉伯联合酋长国（以下简称"阿联酋"）的贸易依赖程度在增加，但增幅较小。从纵向来看，在"一带一路"沿线国家中，与新加坡、马来西亚和缅甸的乳业出口贸易联系相对紧密。

表4-1　2013—2017年中国向"一带一路"国家出口乳品的HM指数

国家	2013年	2014年	2015年	2016年	2017年
新加坡	0.043	0.057	0.016	0.002	0.018
马来西亚	0.036	0.114	0.007	0.001	0.013
泰国	0.008	0.009	0.012	0.014	—
越南	0.003	0.006	0.007	0.001	—
缅甸	0.081	0.058	0.080	0.052	0.049
阿联酋	0.000	0.002	0.033	0.011	—
埃及	0.004	0.000	0.000	0.000	0.000

注：数据根据联合国商品贸易统计数据库（https://comtrade.un.org/data/）商品编码0401、0402、0403、0404贸易数据计算得出，"—"表示数据库中该贸易国该年未进口。

4.2.2 乳业贸易的影响因素分析

4.2.2.1 指标选取及数据说明

本书参考"一带一路"专题网站，选取2013—2017年与中国具有乳业贸易往来的10个国家（如新加坡、马来西亚、泰国、白俄罗斯等），以及如下8个变量的面板数据进行分析研究，各个具体指标见表4-2。

表 4-2　　选取指标说明

选取指标	代表意义
YI_t、YE_t、YZ_t	YI_t为 t 年中国从其他国家的进口额；YE_t为 t 年中国的出口额；YZ_t为 t 年中国的贸易总额
GDP_t	表示贸易国 t 年的 GDP，代表贸易国的经济发展水平对乳品贸易的影响
$GDPC_t$	表示中国 t 年的 GDP，代表中国的经济发展水平的乳品贸易的影响
P_t	表示 t 年贸易国的人口，代表贸易国对乳制品需求能力
PC_t	表示 t 年中国的人口，代表中国对乳制品供给能力
D	表示中国与贸易国之间绝对距离，通过一国内部的城市层面的人口分布状况作为权重计算的相对值，代表了两国之间的运输成本对乳品贸易的影响
R_t	表示贸易国 t 年的汇率，代表贸易国的金融状况
B	虚拟变量，表示贸易国与中国之间是否相邻，有共同边界表明相邻，取 1，否则为 0，代表了在贸易运输中便利程度
FT_t	虚拟变量，表示 t 年贸易国与中国之间是否签订贸易协议，是取 1，否则取 0
Lang	虚拟变量，表示贸易国与中国之间是否具有相同语言，有取 1，否则取 0，代表了两国之间是否具有相同文化

注：贸易量 Y 来源于联合国贸易数据库（https：//comtrade. un. org/data/）中商品编号为 0401、0402、0403 和 0404 的 4 种数据总和；两国之间的距离 D、是否有共同语言 Lang 和是否有共同边界 B 来源于法国 CEPII 数据库；GDP、GDPC、P、PC 和 R 来源于世界银行数据库（WGI）；是否签订贸易协定 FT 数据来源于自由贸易协定服务网站。

4. 2. 2. 2　模型介绍及构建

引力模型源自牛顿万有引力定律，Tinbergen（1962）等最早将其应用于国际贸易研究中，认为国家间的贸易流量与 GDP 和距离息息相关。经过学者长期实证分析，发现人口数量、汇率、自由贸易区、边界等均对国家间的贸易流量产生影响。传统引力模型的一般形式为：

$$Y_i = A\ (GDP_i GDP_j / D_{ij}) \tag{4.2}$$

其中，A 为比例系数，GDP_i、GDP_j分别为 i、j 两国的 GDP，代表经济发展水平，D_{ij}为 i、j 两国之间的距离，代表了运输成本。

本书在传统引力模型的基础上引入人口数量和汇率以及共同边界、共同语言和自由贸易区 3 个虚拟变量，建立关于出口、进口、总进出口的 3 个引力模型。

$$\ln YE_t = \alpha + \beta_1 \ln GDP_t + \beta_2 \ln GDPC_t + \beta_3 \ln D + \beta_4 \ln P_t + \beta_5 \ln PC_t + \beta_6 \ln R_t$$

$$+\beta_7 \ln FT_t + \beta_8 \ln Lang + \beta_9 \ln B \quad (4.3)$$

$$\ln YI_t = \alpha + \beta_1 \ln GDP_t + \beta_2 \ln GDPC_t + \beta_3 \ln D + \beta_4 \ln P_t + \beta_5 \ln PC_t + \beta_6 \ln R_t + \beta_7 \ln FT_t + \beta_8 \ln Lang \quad (4.4)$$

$$\ln YZ_t = \alpha + \beta_1 \ln GDP_t + \beta_2 \ln GDPC_t + \beta_3 \ln D + \beta_4 \ln P_t + \beta_5 \ln PC_t + \beta_6 \ln R_t + \beta_7 \ln FT_t + \beta_8 \ln Lang \quad (4.5)$$

其中，α 为常数，β_1、β_2、β_3、β_4、β_5、β_6、β_7、β_8 和 β_9 分别表示 *GDP*、*GDPC*、*D*、*P*、*PC*、*R*、*FT*、*Lang* 和 *B* 的比例系数。在进口模型和总贸易模型中，由于贸易国与中国均不相邻，因此剔除了共同边界这一变量。

4.2.2.3　乳业贸易影响因素实证分析

本书以 2013—2017 年中国与部分“一带一路”沿线国家间的贸易数据为样本，通过对出口、进口及进出口总贸易 3 种情况进行模型分析，通过 Eviews 8.0 软件计算分析，结果如表 4－3 所示。根据测算结果可以发现，对应三者模型的 R^2 分别为 0.7866、0.8854 和 0.9543，说明 3 种模型拟合优度较好，因此得出如下 3 个模型：

$$\ln YE_t = 2339.79 + 2.03\ln GDP_t + 12.27\ln GDPC_t - 7.73\ln D - 1.44\ln P_t - 204.16\ln PC_t + 0.59\ln R_t + 6.06\ln FT_t + 1.25\ln Lang - 8.57\ln B \quad (4.6)$$

$$\ln YI_t = -1828.16 + 6.96\ln GDP_t - 21.93\ln GDPC_t - 73.34\ln D - 4.37\ln P_t + 230.77\ln PC_t + 0.16\ln R_t - 104.81\ln FT_t + 27.05\ln Lang \quad (4.7)$$

$$\ln YZ_t = 16908.13 - 3.67\ln GDP_t - 0.84\ln GDPC_t - 1866.19\ln D - 67.12\ln P_t + 39.63\ln PC_t + 0.46\ln R_t - 2772.78\ln FT_t + 702.63\ln Lang \quad (4.8)$$

表 4－3　中国对“一带一路”部分沿线国家贸易引力实证分析结果

	出口贸易模型	进口贸易模型	进出口总贸易模型
常数项	2339.7930 * (1.6161)	−1828.1610 (−1.2719)	16908.1300 ** (2.3702)
$\ln P_t$	−1.4354 (−0.4897)	−4.3669 *** (−11.8907)	−67.1196 ** (−2.2870)

续表

	出口贸易模型	进口贸易模型	进出口总贸易模型
$\ln D$	-7.7339 (-0.4952)	-73.3441*** (-7.5542)	-1866.1860** (-2.3619)
$\ln GDP_t$	2.0337 (0.8134)	6.9648*** (10.3686)	-3.6679 (-0.7770)
$\ln GDPC_t$	12.2738 (0.9705)	-21.9329* (-1.7638)	-0.8353 (-0.0824)
$\ln R_t$	0.5926 (0.2953)	0.1583 (0.4059)	0.4619 (0.1479)
$\ln FT_t$	6.0633 (0.4639)	-104.8187*** (-7.1666)	-2772.7830** (-2.3445)
$\ln LANG_t$	1.2555 (0.1188)	27.0519*** (4.8908)	702.6371** (2.3146)
$\ln PC_t$	-204.1575* (-1.5072)	230.7745* (1.7349)	39.6329 (0.3357)
$\ln B$	-8.571 (-0.3675)	— —	— —
R^2	0.7866	0.8854	0.9543
F 值	9.4189	25.1201	28.6896

注："***"、"**"、"*" 分别表示通过显著水平为1%、5%和10%的检验，模型中取结果中两位小数。

由表4-3可知，中国和伙伴国的经济状况、两国之间具有共同语言以及签订贸易协定同预期一样，正向影响中国对沿线国家的乳品出口贸易，两国的人口及两国之间距离负向影响中国对沿线国家的乳业出口。从结果来看，两国国内经济迅速发展可以促进中国对沿线国家的乳品出口，其中中国GDP对其影响较大，与"一带一路"沿线国家相比，中国人口数量及经济形势的变动对贸易影响较大，这是因为中国人口基数大，人口增加将带动国内乳品消费需求增加进而降低出口份额。共同语言促进两国习俗文化交流，对沿线国家的乳品口感需求、营养需求、习俗需求具有同化作用，促进出口贸易。当贸易国汇率增加1%时，中国出口贸易额将增加0.5926%，可见贸易国的金融状况对中国出口沿线国家乳制品具有促进作用。另外，地理位置相邻与预期影响方向不符，原因可能是中国与沿线国家间的道路设施不完善，对货物运输产生了阻碍作用。

与出口贸易相同，贸易国的金融状况、共同语言带动了中国与沿线国家乳业进口贸易发展。而贸易国的 GDP 和中国的人口数量也对中国向沿线国家进口乳品贸易分别具有 6.9648% 和 230.7745% 的积极影响，说明出口国的经济发展水平及进口国的人口数量可以增强两国乳业贸易的紧密性。与出口贸易模型结果相反，中国的 GDP 增长和伙伴国人口的增加阻碍了中国对沿线国家的乳品进口贸易，可以理解为中国经济发展水平高，国内可以较高程度地满足对乳品消费需求，进而降低了进口份额，而伙伴国人口增加加剧了其国内对乳品的需求，因此抑制了中国对沿线国家的乳业进口贸易。此外，值得关注的是，签订贸易协定并不利于中国向沿线国家开展进口贸易，考虑到进口国的资源禀赋条件，与新西兰和澳大利亚优先签订协议国家相比，“一带一路”沿线国家缺少竞争力，因此签订协议并不能改善两国之间的进口贸易。

结合中国乳业贸易现状分析，除伙伴国的 GDP 发展水平外，总贸易模型与进口贸易结果中各指标对贸易额的影响方向一致，程度上略有不同。总体来看，中国的人口数量增加在很大程度上带动了乳品消费，对两国贸易具有积极效应。而中国的 GDP 和贸易国人口数量对两国贸易具有阻碍作用，两国地理距离也增加了贸易难度，702.6371% 说明共同语言对两国贸易的影响极大。

4.2.3 乳业贸易发展潜力测算

关于贸易潜力的研究方法通常有两种：一种是采用引力模型估计两国或者多国之间的贸易潜力，如刘家贵（2016）采用 2000—2013 年法国、德国等 15 个国家面板数据，运用引力模型实证分析得出中国应从澳洲等发达国家进口乳制品以及向周边国家出口乳制品的结论。常向阳等（2018）和刘宏曼等（2017）采用引力模型测算了中国与沿线国家之间的农产品贸易潜力。另一种是采用相关贸易指数测算贸易潜力，如杨莉（2018）分析了中国与“一带一路”沿线国家之间的乳品贸易规模和结构，并结合贸易互补指数（TCI）分析中国与沿线国家之间的乳品贸易互补性；胡艺等（2017）、崔勇前等（2018）分别采用显性比较优势、TCI 分析了市场的贸易潜力。

将已有数据带入前文所得的模型回归方程，可获得中国与沿线国家间的贸易额预测值，本书选取2015—2017年数据，将实际进出口贸易额数值与预期值相比即可获得贸易潜力数值（TP），见表4－4。

表4－4　2015—2017年中国与“一带一路”沿线国家的TP指数

贸易潜力值	2015年	2016年	2017年
出口潜力值	1	0.97	0.88
进口潜力值	0.95	0.95	1.05
总进出口潜力值	0.98	0.98	1.02

根据现有学者对贸易潜力的划分方法，若TP＜0.8，则表示双方有很大的发展空间，贸易潜力巨大；若0.8＜TP＜1.2，则表示双方贸易潜力尚未完全开发，还有一定的扩大空间；若TP＞1.2，则表示双方现有贸易潜力已经用尽，需要通过其他途径发展两国经贸合作（刘尧飞，2018）。由表4－4可知，2015—2017年，无论是进口贸易还是出口贸易，中国与“一带一路”沿线国家间的贸易潜力值处于尚未完全开发的区间，贸易关系还存在较大的提升空间，另外，中国与“一带一路”沿线国家间的出口贸易潜力在逐渐扩大。

综上，虽然中国对沿线国家出口乳制品的贸易紧密度较低，但出口潜力尚未完全开发，还有一定的扩展空间；“一带一路”沿线国家的金融状况、经济发展水平以及共同语言对乳业双边贸易起到不同程度的影响，且共同语言在很大程度上促进两国乳品贸易；中国对沿线国家乳业出口贸易潜力在逐渐扩大，而进口贸易和总贸易潜力至2017年略有下降，综合来看中国与沿线国家主要以进口贸易为主，中国可以在方式、产品种类等方面继续挖掘对沿线国家的新型乳制品出口贸易。

4.3　FTA对中国乳制品进口影响分析

4.3.1　关税协定条款影响

（1）中新自由贸易协定乳制品关税条款影响分析。根据中新自贸协定，两国乳制品贸易最终将实现零关税，但实施过程中为中国乳制品进口设置了较长降税过渡期，并对鲜奶、奶粉、黄油和奶酪等四类乳制品共 11 个税号设置了特殊保障机制。自贸协定实施前乳制品进口的基础税率在 10%—20% 之间，包括奶粉、奶油及浓缩非固状乳等在内的 4 个税号降税过渡期为 12 年，包括乳清粉、黄油、奶酪等其他乳制品的 7 个税号降税过渡期为 10 年，另外包括酸乳、乳酪、乳酱等 9 个税号降税过渡期为 5 年。但随着保障措施的逐步解除，中新自贸协定的关税减低对中国乳制品市场冲击较为突出。下面以奶粉为例说明降税过程：

中国从新西兰进口奶粉的基础税率为 10%，降税过渡期为 12 年，从 2008 年 10 月起降为 9.2%，以后逐年降低关税，每年降低 0.8%，至 2019 年降到零。为了保护中国乳业免受巨大冲击，设置了“特殊保障机制”，适用期为 2009—2023 年。具体措施为：根据 2005—2007 年从新西兰的平均进口量设定奶粉进口触发水平基数为 9.5 万吨，在降税过渡期内的触发水平每年递增 5%，例如 2009 年的触发水平为 9.975 万吨，从新西兰进口奶粉数量未超过 9.975 万吨部分，按照优惠税率 8.3% 征收税款，超过部分按照最惠国税率 10% 征收税款。到 2023 年触发水平将上升至 19.7498 万吨，2023 年以后中国将放弃使用特殊保障措施的权利。另外，到 2013 年双方对中国奶粉降税进行中期审议，主要是评估关税减让造成的进口增长是否在总体上对中国乳业造成了负面影响，如是则于 2014 年暂停降税 1 年，并将特殊保障措施延长至 2024 年。从实际运行情况来看，中期审议未认定自贸协定关税减免对中国乳业造成了负面影响。

（2）中澳自由贸易协定乳制品关税条款影响分析。中澳自贸协定跟中新自贸协定类似，原产于澳大利亚的奶粉类产品分 12 年将关税分批降为 0，大部分乳制品分 10 年将关税降为 0，其中只有包括乳清、乳酱、蓝纹乳酪的 3 个税号分 5 年将关税降为 0，其中对两个税号（4022100，4022900）的奶粉类产品设置了特殊保障措施。从澳大利亚进口乳制品的基础税率与新西兰基本一致，其中奶粉（包括 04021000，04022100，0402900）进口基础税率为 10%，跟新西兰自贸协定安排基本一致，每年降低 0.8%，经过 12 年最终降为 0，并且保留了特殊保障机制。短期看，中澳自贸协定生效后对奶粉进口量影响不会特别大，因为目前中国从澳大利亚进口的奶粉量占比非常小，很容易达到特殊保障机制中设定的触发水平。

4.3.2 对乳制品进口的影响

（1）中新自由贸易协定签署对乳制品进口的影响。中国进口乳制品中以干乳制品为主，而干乳制品中进口金额最大的是奶粉，近5年平均占比70%。因此下面以奶粉进口数据为例，分析新西兰自由贸易协定签署带来的影响。

在自贸协定生效第一年，即2009年，在优惠税率刺激下从新西兰进口奶粉增长303%，新西兰在中国奶粉进口来源国中占绝对主导地位。由于中国奶粉进口量持续大幅度增长，随着自由贸易协定关税不断降低，历年触发特殊保障措施的日期不断提前，由2009年的8月逐年提前至2010年的4月、2011年的3月、2012年的2月，2013年的1月18日，2014年的1月14日，2015年的1月5日。

从直观上看，自由贸易协定签署对奶粉进口的刺激非常明显，但是叠加2008年“三聚氰胺”事件，国内奶粉信誉扫地，消费者纷纷转向国外。另外，奶粉进口量增长还和中国经济发展密切相关，随着人们消费水平提高，会提高中高档产品的消费比例，国外奶粉代表了绝大多部分中高档市场份额，同样会刺激奶粉进口增加。为此，选用新西兰奶粉进口量占全部奶粉进口量之比的时间序列作为研究对象，这样就规避了纵向数据比较的其他干扰因素。2004年至2015年中国从新西兰进口奶粉量占比如表4－5所示。

表4－5　2004—2015年从新西兰进口奶粉及干乳制品量情况　单位：万吨

年份	奶粉进口			干乳制品进口		
	总进口量	新西兰	新西兰占比	总进口量	新西兰	新西兰占比
2004	14.49	10.86	75.00%	34.37	12.18	35.40%
2005	10.69	8.23	77.00%	31.58	9.65	30.60%
2006	13.49	10.41	77.20%	34.33	12.21	35.60%
2007	9.82	7.15	72.80%	29.37	9.26	31.50%
2008	10.09	5.06	50.10%	34.25	7.49	21.90%
2009	24.68	20.39	82.60%	58.27	24.12	41.40%

续表

年份	奶粉进口			干乳制品进口		
	总进口量	新西兰	新西兰占比	总进口量	新西兰	新西兰占比
2010	41.4	33.65	81.30%	72.82	37.33	51.30%
2011	44.95	36.7	81.70%	86.3	41.74	48.40%
2012	57.29	49.53	86.50%	104.39	56.12	53.80%
2013	85.44	68.65	80.30%	139.74	75.68	54.20%
2014	92.34	72.81	78.90%	148.36	83.16	56.10%
2015*	48.17	38.92	80.80%	95.58	46.84	49.01%

注：“＊”表示2015年数据为前10个月进口量。

资料来源：《中国奶业年鉴》，中国海关统计数据。

设2004—2008年从新西兰进口奶粉量的占比为总体1，2009—2015年从新西兰进口奶粉量的占比为总体2。因为总体1和总体2的方差未知，且样本数量较小，所以此抽样分布近似服从自由度为f的t分布，作如下假设检验：

H_0：总体1和总体2的均值没有区别。

H_1：总体1和总体2的均值有区别。

经计算，自由度f为4.25，t统计量值为2.16，在95%的置信水平下拒绝零假设，即总体1和总体2的均值有区别，2008年后中国从新西兰进口奶粉数量占比显著上升。

中新自由贸易协定签署后，两国贸易往来日趋频繁，中国成为新西兰的第一大出口国。近年来中国乳制品进口迅速增长，很大一部分贡献来自于新西兰。自2008年10月中新自由贸易协定签订以来，中国从新西兰进口乳制品金额的比重跃升明显，从2008年的37%上升到2009年的57%，但随后回落到50%以下，并持续到2015年（见图4－1）。

在自贸协定生效第一年（2009年），在优惠税率刺激下从新西兰进口奶粉激增。尽管随后几年从新西兰进口奶粉量增长速度也很快，但和其他国家的增速相差不大，见图4－1。此外，根据海关统计数据，2009年从新西兰进口奶粉总量中以优惠税率进口比例为49%。随后这一比例逐年降低，因为奶粉进口量增长速度远远超过特殊保障措施中规定的触发水平增长率，至2014年能以优惠税率进口的奶粉比例已经降至17%。从新西兰进口奶粉量的变化

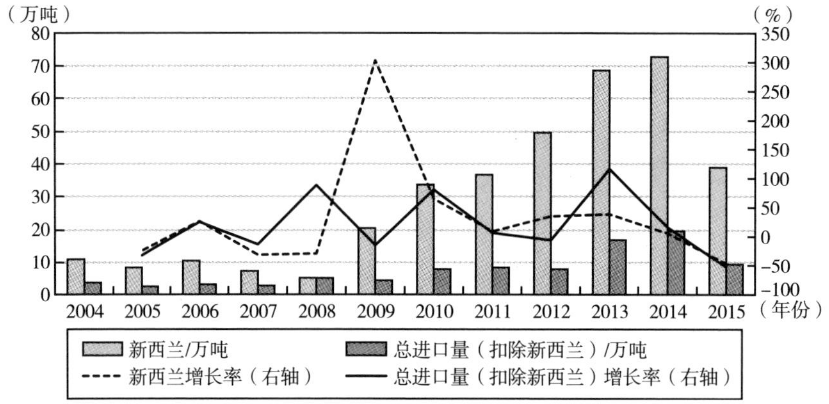

图 4-1　从新西兰进口奶粉量及增速和其他国家对比情况

注：2015 年数据为前 10 个月进口量。

资料来源：FAO 数据库。

过程可以看出，关税降低仅在第一年产生重大影响，随后影响逐渐降低。由于特殊保障措施的实施，2010 年以后从新西兰进口奶粉量的增长因素主要来自于贸易惯性及对进口奶粉需求的增长。如果特保措施到期，新西兰进口奶粉将对中国乳业产生二次冲击。

（2）中澳自由贸易协定签署对乳制品进口的影响。澳大利亚的国土面积和经济体量都比新西兰大很多，但是原料奶产量要远远低于新西兰。由于澳大利亚人口只有 2400 万左右，大量的乳制品用于出口。据澳乳业局公布数据，中国是按量计全球最大乳制品进口市场，2015—2016 财年，共计 142.05 万吨乳制品出口到中国，总值 37.567 亿美元。2016 年中国从澳大利亚进口液态奶 7.3 万吨，进口奶粉 2.6 万吨。在中国乳制品进口来源国中，澳大利亚进口量排在德国、新西兰和法国之后居第四位。2010—2015 年间，澳大利亚向大中华区乳制品出口总体增长 46%，其中鲜奶、炼乳、婴幼儿配方粉等乳制品增长速度最快。从成本优势上来看，澳大利亚原料奶的收购价格与新西兰不相上下，相对于中国原料奶具有绝对的优势。中澳自由贸易协定签署后，对中国出口潜力不容忽视。但是，目前中国从澳大利亚进口乳制品总量较小，不到新西兰的十分之一。自贸协定生效后第一年，从澳大利亚进口乳制品接近翻倍增长，以后逐步趋于平稳。在特殊保障措施的保护下，澳大利亚进口乳制品对中国乳业的冲击有限。同时，中澳自贸协定保留了特殊保障措施，根据中新自贸协定的经验，预计每年的进口乳制品触发水平以近几年的平均水平为基数，以后每年保持合理增长速度。

4.4　FTA对中国乳业的影响分析

4.4.1　对国内整体产业的损害预警分析

4.4.1.1　指标体系的确立

本书根据产业损害理论、《WTO反倾销协议》《中期审议》中的损害判定及对对外贸易相关法律法规并结合中国乳业发展的特点，遵循整体性、层次性、科学实用性等原则，科学地构建中国乳业损害预警指标体系（具体见表4－6）。

表4－6　　　　中国乳业损害预警模型指标体系

<table>
<tr><th>目标层</th><th>准则层</th><th>方案层</th></tr>
<tr><td rowspan="9">乳业损害预警模型</td><td>进口乳制品数量影响指数</td><td>进口乳制品数量变化率（X1）</td></tr>
<tr><td>进口乳制品价格影响指数</td><td>进口乳制品价格变化率（X2）</td></tr>
<tr><td rowspan="5">国内产业影响指数</td><td>250ml袋装鲜奶销售平均价格变化率（X3）</td></tr>
<tr><td>规模养殖场奶牛养殖利润变化率（X4）</td></tr>
<tr><td>进口乳制品占市场份额变化率（X5）</td></tr>
<tr><td>中国乳制品产量变化率（X6）</td></tr>
<tr><td>规模养殖场人均工资水平变化率（X7）</td></tr>
<tr><td rowspan="2">其他产业相关指标</td><td>国内乳业相关政策影响（X8）</td></tr>
<tr><td>国内乳制品企业竞争力影响（X9）</td></tr>
</table>

注：为简化表达，下文用括号内字母表示各指标。

4.4.1.2　单警度警限的设置

本书参照刘芳（2015）《中国乳业损害预警模型研究》使用“利克特量表”，并根据中国乳业发展现状设置各预警指标的安全起点，其中，乳制品进口价格变化率和250ml袋装鲜奶销售平均价格变化率均取绝对值带入模型，国内乳业政策方面以2008年中新自由贸易协定签署为转折点设立安全点，国内乳制品企业竞争力方面采取“均值原则”设置安全点，对应的单警度如表4-7所示。

表4-7　各指标单警度设置情况

指标	警域、评语及赋值					
X1	D11（%）	<10	[10，30)	[30，50)	[50，100)	≥100
	评语	很安全	安全	临界危险	危险	非常危险
	赋值	5	4	3	2	1
X2	D21（%）	[0，5)	[5，10)	[10，30)	[30，50)	≥50
	评语	很安全	安全	临界危险	危险	非常危险
	赋值	5	4	3	2	1
X3	D22（%）	<5	[5，10)	[10，20)	[20，30)	≥30
	评语	很安全	安全	临界危险	危险	非常危险
	赋值	5	4	3	2	1
X4	D31（%）	>15	(5，15]	(0，5]	(-10，0]	≤-10
	评语	很安全	安全	临界危险	危险	非常危险
	赋值	5	4	3	2	1
X5	D32（%）	<10	[10，15)	[15，30)	[30，50)	≥50
	评语	很安全	安全	临界危险	危险	非常危险
	赋值	5	4	3	2	1
X6	D33（%）	>10	(5，10]	(0，5]	(-5，0]	≤-5
	评语	很安全	安全	临界危险	危险	非常危险
	赋值	5	4	3	2	1
X7	D34（%）	>10	(5，10]	(0，5]	(-5，0]	≤-5
	评语	很安全	安全	临界危险	危险	非常危险
	赋值	5	4	3	2	1
X8	D41（年）	<2001	[2001，2007)	[2007，2008)	[2008，2010)	≥2010
	评语	很安全	安全	临界危险	危险	非常危险
	赋值	5	4	3	2	1
X9	D42（年）	<2000	[2000，2004)	[2004，2008)	[2008，2012)	≥2012
	评语	很安全	安全	临界危险	危险	非常危险
	赋值	5	4	3	2	1

截至 2015 年，乳制品进口价格变化率（X1）、规模养殖场奶牛养殖利润变化率（X4）、中国乳制品产量变化率（X6）、国内相关乳业政策（X5）和国内企业竞争力影响（X6）危险信号明显（见表 4 - 8）。进口价格变化率反映新西兰乳制品中国乳制品价格的冲击影响。价格变化率越小，市场波动越稳定，有利于中国乳业安全发展。规模养殖场奶牛养殖利润变化率反映养殖业盈利水平，变化率正向越大，盈利水平越高，越能反映中国乳业蓬勃发展。国内乳制品产量变化率反映中国乳业生产加工情况，变化率越大，提现中国乳业需求大，消费拉动乳业经济增长。中新自由贸易协定签署，国内乳业贸易政策对中国乳品贸易影响巨大，关税减零政策逐步威胁中国乳业安全。科技的不断发展，乳制品企业生产力水平逐步提高，竞争越来越激烈，也将对中国乳业的发展产生巨大影响。

4.4.1.3　中新、中澳自由贸易协定对中国乳业损害预警模型的构建

（1）模型构建方法。本书采用层次分析法（AHP），对同一层次的指标进行相对重要程度的比较，采用 1 - 9 及其倒数为标度值，设 Z_i 与 Z_j 分别表示某一层次对应的第 i、j 个元素，两两分析其重要程度后赋予数量标度，建立判断矩阵 A，见表 4 - 8。

$$A = (z_{ij})_{nxn}, Z_{ij} > 0, Z_{ji} = 1/Z_{ij} \tag{4.9}$$

表 4 - 8　　判断矩阵中元素标度的确定

尺度	含义
1	两元素相比，Z_i与 Z_j同样重要
3	两元素相比，Z_i比 Z_j略微重要
5	两元素相比，Z_i比 Z_j重要
7	两元素相比，Z_i比 Z_j明显重要
9	两元素相比，Z_i比 Z_j极其重要
2，4，6，8	在 Z_i比 Z_j之间折衷采用
1，1/2，1/3，…，1/9	元素 Z_i与 Z_j之比，即 $Z_{ij} = Z_i/Z_j$

（2）指标权重的计算方法：

第一步，计算判断矩阵的特征向量 W：Aw = aw，a 是判断矩阵的特征根。

第二步，进行一致性检验：

$CR=\frac{CI}{RI}$，$CI=\frac{\lambda-n}{n-1}$，其中，λ 是判断矩阵最大特征根，CI 为一致性指标。

CR 为一致性比率，当 $CR<0.1$ 时，检验通过，此时 W 经归一化处理后即为权向量，否则，用最大特征根对应向量经归一化处理后得到权向量。

第三步，将特征向量进行归一化处理得到权向量 F：

$$f=f/|f| = [1/\sqrt{(f_1^2+f_2^2+\cdots+f_n^2)}] \times \{f_1, f_2, \cdots, f_n\} \tag{4.10}$$

$$1=f_{i1}+f_{i2}+\cdots+f_{in}\quad(i=1, 2, \cdots, n) \tag{4.11}$$

第四步，计算总排序权向量 T 并做一致性检验：

$$T=(T_1, T_2, \cdots, T_j),\quad CR=\frac{a_1CI_1+a_2CI_2+\cdots+a_jCI_j}{a_1RI_1+a_2RI_2+\cdots+a_jRI_j}, \tag{4.12}$$

其中，a_1，a_2，…，a_j 表示准测层对目标层的排序，j 表示准则层指标个数。

当 $CR<0.1$ 时，层次总排序通过一次性检验。

第五步，计算方案层对目标层权向量并做一致性检验，方法同上。

(3) 指标权重的确定。本书邀请在科研机构、行业代表性企业等长期从事奶牛产业研究的150位专家对指标重要程度进行打分，然后根据上述计算方法计算指标体系的综合权重（见表4-9）。

表4-9　乳业损害预警指标体系综合权重表　　单位：%

指标名称	综合权重
进口乳制品数量变化率	24
进口乳制品价格变化率	15
250ml袋装鲜奶市场价格变化率	15.25
规模牛场成本利润率变化率	15.86
进口乳制品市场份额变化率	7.32
国内乳制品产量变化率	17.08
规模牛场员工工资变化率	5.49

资料来源：刘芳《中国乳业损害预警模型研究》。

(4) 预警模型的构建。确定各指标权重之后，运用多目标线性加权函数法，建立中国乳业产业损害预警模型，并计算出中国乳业产业损害综合评价指数，具体如下：

$$P = \sum_{i=1}^{a} x_i \sum_{j=1}^{b} y_{ij} x_{ij} \qquad (4.13)$$

其中，P 为中国乳业产业损害综合评价指数（总警度）；a 为准则层的个数；b 为各准则层中所包含方案层的指标个数；X_i是准则层的指标占总目标层权重；X_{ij}表示第 i 个准则层中第 j 个指标占该层权重；Y_{ij}是第 i 个准则层中第 j 个指标的评分值。

（5）警度警限设置。根据刘芳（2015）《中国乳业损害预警模型研究》，使用线性刻度法设置中国乳业损害预警总警度的警限，得到预警综合指数评价表（具体见表 4－10）。

表 4－10　中国乳业损害预警模型综合指数评价表

安全警级	非常危险	比较危险	一般	比较安全	非常安全
评价分值	1—1.8	1.8—3.0	3.0—4.0	4.0—4.5	4.5—5.0

4.4.1.4　中新、中澳自由贸易协定对中国乳业损害监测结果

从测算结果可知，中新自由贸易协定对中国乳制品产业损害综合指数呈下降趋势，对中国的损害程度呈上升趋势。2009 年、2012 年及 2014 年的损害危害威胁达到“比较危险”水平，损害综合指数分别低至 2.81、2.96 和 2.94（见图 4－2）。

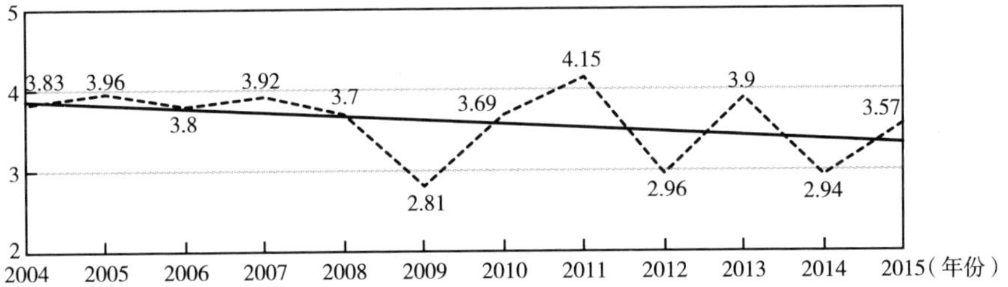

图 4－2　2004—2015 年中新自由贸易协定对中国乳制品产业损害预警指数趋势

资料来源：作者计算。

中澳自由贸易协定对中国奶业也存在一定损害，预计未来几年会持续对中国液态奶市场造成一定的冲击。其中 2009 年、2012 年处于“比较危险”的

水平，损害综合指数分别为 2. 82 及 2. 32（见图 4 - 3）。

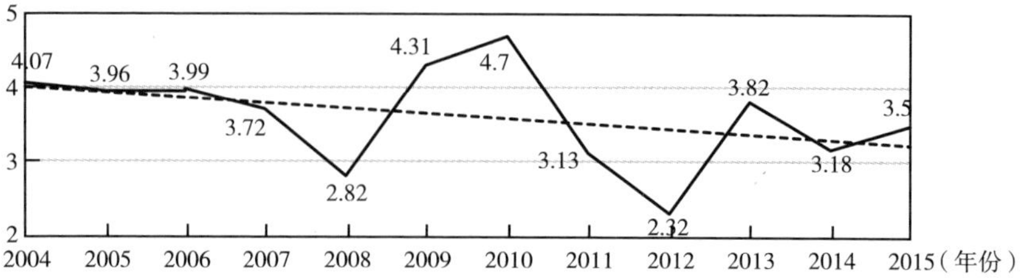

图 4 - 3　2004—2015 年中澳自由贸易协定对中国乳制品产业损害预警指数趋势

资料来源：作者计算。

总体而言，中新、中澳自由贸易协定签署对中国乳业带来了较大冲击：一方面关税下调对市场的刺激影响突出，增加了两国的乳制品进口；另一方面，近年来跨境电商的大量出现，也促进了新西兰、澳大利亚乳制品进入中国市场，这将给中国乳品企业带来巨大的竞争压力，市场利润空间可能会被压缩，进而也会连带影响中国奶牛养殖业利益。

4. 4. 2　对国内养殖业的影响

近年来中国原料奶生产增长速度放缓，自 2010 年以来奶牛存栏量基本维持在 1400 多头的水平上，原料奶产量年均复合增长率仅在 1% 左右（见图 4 - 4）。中国原料奶产量进入瓶颈期有多方面的原因，包括奶牛养殖结构转型升级，中小奶牛养殖户逐步退出，养殖成本提高等，其中乳制品进口量大幅增加对国内乳业的挤压是一个重要因素。进口乳制品中，干乳制品占 80% 以上，按照一定的折算比例，将干乳制品折算成原料奶，可以发现进口奶的占比逐年上升，从 2007 年的 6% 上升到 2014 年的 26%。将进口奶计算在内，2010 年以来国内原料奶总供应量年均增幅 4. 6%（见图 4 - 4）。在国内乳制品市场需求总体疲软的环境下，乳制品消费市场的增量部分基本上被进口奶抢占，奶粉市场尤为明显。2009 年和 2010 年奶粉进口量每年翻一倍，2014 年进口 92. 3 万吨，比 2008 年增长 8. 4 倍。2010 年至 2014 年国产奶粉产量一直徘徊在 140 万—150 万吨，进口奶粉已占到奶粉市场的 4 成。

在中新自由贸易协定关税逐步降低的进程中，国际乳制品价格波动对中国原料奶价格的影响日益明显。2012—2014 年，受新西兰曾遭遇几十年不遇的干旱影响，使得新西兰进口价格及国际原料奶涨幅一度超过 20%（见图 4－5），中国多地上演“奶荒”现象。2014 年底至 2015 年，随着国际奶价回落，中国多地又出现“倒奶”事件。在此期间，中小养牛户没有因为奶价上涨而增加奶牛存栏数，奶价下跌时则被动淘汰很多奶牛。2010—2014 年，中国奶牛存栏量一直保持在 1400 多万头，原料奶产量维持在 3600 吨左右，原料奶生产增长速度放缓，进入发展平台期，体现了奶牛养殖结构的转型进程。

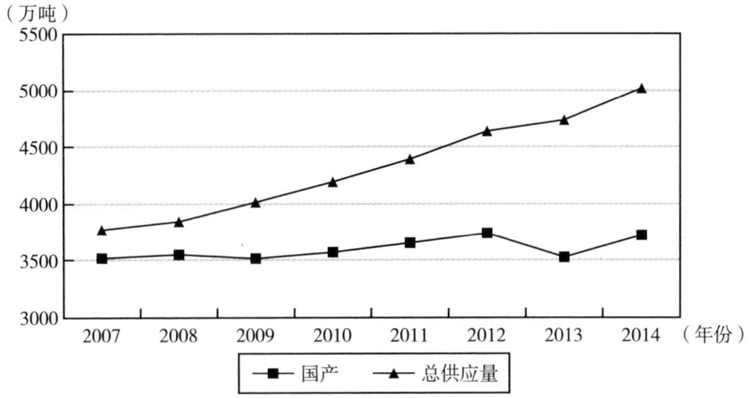

图 4－4　2007—2014 年原料奶总供应量

资料来源：中国奶业协会。

规模化牧场养殖具有标准化、集约化的特征，利于奶牛品种改良、制定科学合理的饲料配方、加强卫生免疫能力等，是奶牛养殖业的未来发展方向。近年来规模化养殖程度日益提高，有利于从源头上把控乳制品生产的质量关。根据农业部监测的数据，2014 年中国规模牧场（全群 100 头以上）的奶牛存栏量占全国总存栏量的 45%，比 2008 年提高了 25.5%。中小奶牛养殖户陆续退出奶牛养殖环节，导致散户所占比例持续下降，但规模化养牛场的增加抵消了散户退出的影响。

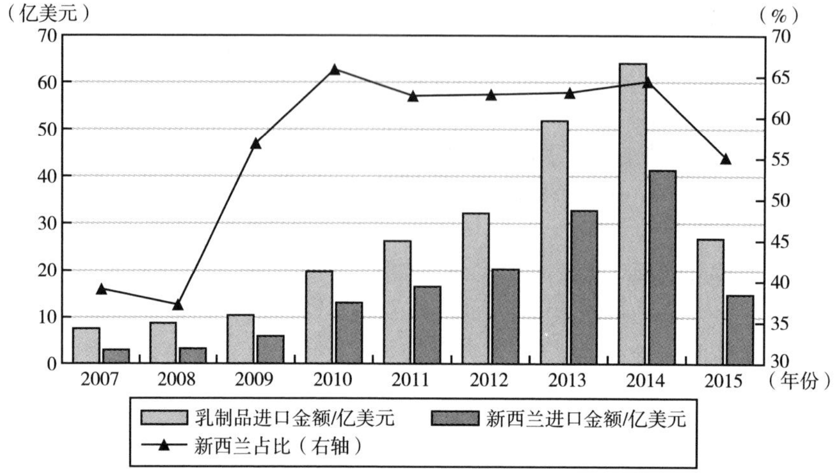

图 4-5 2007—2015 年从新西兰进口乳制品情况

注：2015 年数据为前 10 个月进口量。

资料来源：《中国奶业统计摘要》。

4.4.3 对乳制品加工企业的影响

4.4.3.1 中国乳制品企业发力液态乳，奶粉企业发展缓慢

由于中国从新西兰、澳大利亚进口乳制品中主要以奶粉等干乳制品为主，而中国乳制品企业主要以液态奶为主，因此受自由贸易协定签署的影响较小。例如伊利股份的奶粉及奶制品收入占液态奶收入的比例一直维持在 15% 至 20%，蒙牛乳业的奶粉收入占比更小，占液态奶收入的比例在 10% 以下。2007 年至 2014 年中国乳品业的销售总额稳步增长，年均复合增长 14.1%，乳品业利润总额除了 2008 年大幅下滑及 2012 年小幅下滑外，其他年份均实现增长，年均复合增长率为 16.4%（见图 4-6）。蒙牛乳业连续 6 年入围全球乳业 20 强，伊利集团于 2014 年跻身全球乳业公司 10 强。从国内乳制品品牌来看，液态奶基本上以国内品牌为主，婴幼儿奶粉市场基本上被国外品牌占据。

4.4.3.2 自由贸易协定签署激发乳制品企业加强质量控制及提高创新能力

大型乳制品企业在质量管理方面都取得了很大进步。伊利股份引入了全

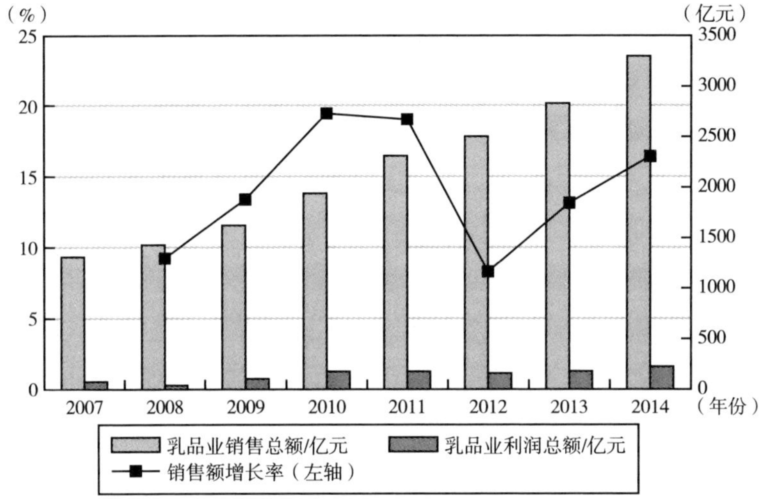

图 4－6　中国乳品业销售总额及增长情况

资料来源：作者根据行业信息整理。

球通行并认可的 FSSC22000 食品安全体系，建设完成了“产品专属追溯码体系”。蒙牛引进了 Danone 集团无可争议的质量管理技术。三元股份建立了包括质量管理体系、食品安全管理体系、职业健康管理体系、环境管理体系的“四标一体”管理体系。2013 年，伊利股份、蒙牛乳业、三元股份、完达山等四家乳制品企业率先成为工信部启动的“食品质量安全追溯体系”试点企业。

大型乳制品企业的研发支出逐年增加，伊利股份在 2014 年的研发支出近 7000 万元，详细数据见图 4－7。随着研发投入的增加，国内乳制品企业获得了丰硕的创新成果，其中三元股份于 2013 年获国家科技进步奖二等奖一项，2014 年获 4 项授权发明专利，并筹建“国家母婴乳品健康工程技术研究中心”；伊利股份 2012—2014 年分别获专利授权 134 项、350 项、159 项，成立内蒙古乳业技术研究院有限责任公司，并在荷兰和新西兰分别成立海外研发中心。

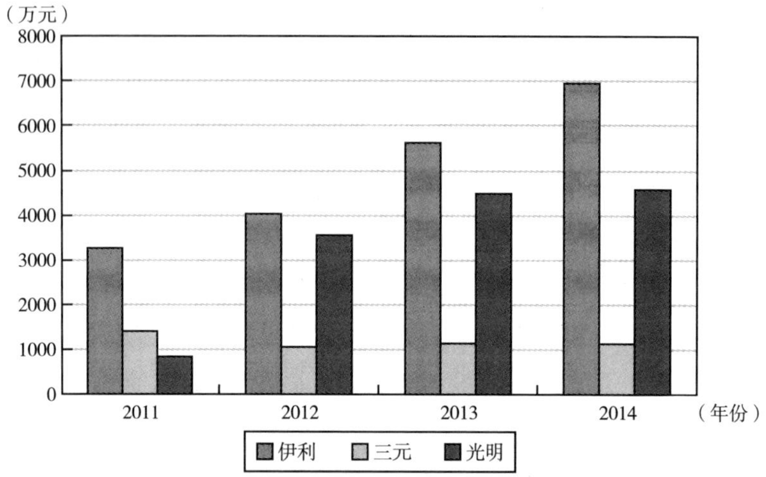

图 4－7　大型乳制品企业研发支出情况

资料来源：作者根据上市公司年报整理。

4.5　本章小结

随着中国与新西兰、澳大利亚自由贸易协定的签署与中国主导的“一带一路”沿线贸易格局的构建，中国经济的对外开放进入新阶段，乳业也迎来了国际化发展的最佳时机。本章首先以“一带一路”倡议对中国乳业国际化发展的推动作用进行了总结，并利用 HM 指数与贸易引力模型测算了中国乳业与“带路”国家间的紧密度与未来的贸易潜力。同时，已经建立的两大自由贸易协定的伙伴国亦是中国乳制品的主要进口来源地，所以针对 FTA 的影响主要从乳制品进口角度进行了分析，并进一步延伸到对乳业整体产业以及产业链主要环节的影响。本章通过研究得到以下主要结论：

（1）“一带一路”倡议的提出以及沿线自由贸易的开展为中国乳业国际化带来了积极影响，主要表现在有助于产业外部贸易环境的优化与产业贸易条件的改善，同时推动贸易新格局的形成，增强中国在乳制品贸易领域的话语权。

（2）通过中国与“带路”国家贸易紧密度指数的计算，表明目前仅与新加坡、马来西亚和缅甸等三国的乳业出口贸易联系相对紧密，其他地区还有待加强合作。从贸易发展潜力测算来看，中国与“带路”国家贸易具有较大潜力，尤其在乳业方面有双向合作机会，不但能为中国乳制品出口开拓新兴市场，也能丰富国内进口来源，降低进口风险、提升进口议价能力。

（3）自由贸易协定的签署对中国乳业而言主要影响其进口领域，由于关税的进一步减免，价廉质优的进口乳制品给国内产业不断带来冲击。并且根据预期分析这种影响具有持续性和扩大性。通过损害预警模型的测算，中新自由贸易协定在2009年、2012年及2014年及中澳自由贸易协定在2009年、2012年均给中国乳业带来了冲击影响，给国内乳业发展造成了一定损害，但近几年损害程度有所缓解。这充分体现了产品生命周期理论的实践，随着进口乳制品的涌入，中国乳业在不断吸收新技术、开发新产品，通过产业积累与结构优化，逐步缩小与新西兰、澳大利亚等乳业发达国家的产业差距，这些国家的乳业比较优势效应逐渐削弱。但是，这个过程是漫长而曲折的，在这个过程中国内奶牛养殖业、乳制品加工业等均要面对挑战，积极优化生产结构与技术装备水平，通过规模化、标准化与创新研发，不但能应对国外进口乳制品带来的市场冲击，也成为乳业比较优势提升的主要动力来源。

第五章　贸易自由化对中国乳业发展的预期经济效应分析

结合前文研究，从影响中国乳业发展的贸易自由化进程来看，主要涉及中国—新西兰、中国—澳大利亚两个自由贸易协定的签署，以及“一带一路”倡议下贸易自由化的进一步发展。其中，FTA 通过在成员国消除各类贸易壁垒实现贸易自由化发展，其经济效应最主要体现在关税的减免以及资源自由流动带来的双边社会福利。关于 FTA 对于特定产业乃至宏观经济的影响从理论到实证已有广泛的研究实践活动。对于“一带一路”在自由贸易体系中的作用，国内外学者也给出了界定，认为“一带一路”是在传统 FTA 基础上的创新性开拓，是对国际合作与全球治理新模式的积极探索（杜德斌，2015），将在维护全球自由贸易体系和开放型世界经济秩序方面做出巨大贡献。因此，可以将“一带一路”看作是 FTA 的一种表现形式，从而使得 FTA 对经济增长效应分析的相关理论框架与研究方法适用于进行“一带一路”的预期经济效应研究。本章在第四章理论与实践分析的基础上，进一步将 FTA 对中国乳业的影响量化，从贸易自由化相关政策实施的冲击效应展开实证分析，利用可计算的一般均衡模型框架，研究 FTA 对中国乳业贸易伙伴国间的宏观经济效应与乳业生产、价格方面的具体影响与机理。

5.1　相关研究概述

关于 FTA 对经济增长效应的实证研究始于欧洲经济共同体的出现，其中比较具有代表性的是经过经济学家 Roston 的自由贸易区理论，他将关税同盟理论与自由贸易区时间进行结合，从贸易创造和贸易转系两方面说明自由贸易的社会福利效应。随后，在自由贸易区发展的过程中，对于自由贸易政策的影响与作用分析逐渐形成了局部均衡分析下的 SMART 模型和 GSIM 模型，以及一般均衡分析框架下的 CGE 模型等。其中 SMART 模型是适合双边 FTA 谈判的单一市场模型，GSIM 是适合多边的 FTA 谈判的多市场模型。这两种模型在贸易自由化经济效应的研究发展中，逐渐被基于可计算的一般均衡的 CGE 模型所替代。该模型基于庞大的全球贸易分析系统（GTAP，Global Trade Analysis Project）模型，假设市场是完全竞争的，生产的规模报酬不变，生产者追求生产成本最小化，而消费者追求效用最大化，所有产品和投入要素全部出清。

虽然“一带一路”规划逐渐明晰，但距其依托整体形成 FTA 仍需很长一段时间，所以对“一带一路”经济效应的实证分析方法多倾向于 CGE 模型。Brown et al.（2006）运用 CGE（Computable General Equilibrium）模型对美国和日本已达成和正在进行的双边及区域自由贸易协定进行了分析，在实现 CGE 模型的模拟方法中，庞大的全球贸易分析系统——GTAP（Global Trade Analysis Project）模型是长期以来评估双边自由贸易协定各种经济效应最为流行的工具之一。GTAP 模型建立的思路：首先针对单个经济模块（Module）进行建模，每个经济模块中包含政府部门、私人部门和企业部门这三大经济主体；然后借助贸易和虚拟的国际信托（Global Trust）机构利用区域间贸易和投资机制实现跨区域的商品和资金的流动；最后通过设定全球市场出清的条件构成一个全球封闭系统，达到可计算一般均衡的目标（张欣，2010）。Johannes Brocker（2010）利用 GTAP 模型分析了全欧交通运输网络（Trans - Europe - Transport，TEN - T）计划下，交通运输基础设施建设对欧盟内部不同区域福利效应的影响。张光楠等（2012）利用 GTAP 模型分析了《两岸经济合作架构协议》（ECFA）对两岸三地的经济、贸易和产业结构的影响。Peter A. P. 等（2011）利用 GTAP 模型对比了迈向亚太地区经济一体化的三种可能路径——太平洋路径（TPP）、亚洲路径（EAFTA）及两者并行情况下，对亚太地区主要 FTA 成员国和非成员国的经济影响。Chunding Li 和 John Whalley（2013）在上文基础上利用关税等值法测算了包括非关税壁垒导致的贸易成本，并加入一般均衡分析中，通过对不同贸易成本的假设，模拟了两种情形，即 TPP 是否包含中国，对相关国家收入和福利的影响。

5.2 理论模型

GTAP 模型由主程序与模型数据库组成，其中模型数据库承载了全球主要经济体的生产、交易与贸易数据。GTAP 模型构建了世界商品生产、消费、政府支出等子模型，并通过全球贸易将各子模型联系起来，形成了多国多部门的 CGE 模型，从而使得观察单一经济体部门经济变化对世界其他经济体及部门产生的冲击影响成为了可能。通过比较冲击前后不同均衡条件下经济体及部门的差异，就可以说明冲击的效果与调整。GTAP 模型一经问世便广泛地应用到国际贸易政策、收入分配政策等问题的分析，即涉及宏观经济调控亦囊括微观产业政策等。同时，GTAP 模型可以进行科学模拟预测，通过对生产、要素报酬、商品价格、社会福利以及贸易条件等方面政策实施的冲击效应进行模拟，预测影响的范围及程度。GTAP 模型假设的前提条件为：完全竞争市场且生产者规模报酬不变；生产者追求成本最小化、消费者追求效用最大化；产品和要素市场均处于出清状态。该模型采用固定替代弹性（CES）生产函数，其公式为：

$$X = A\left[\alpha_L L^{\rho} + \alpha_K K^{\rho}\right]^{\frac{1}{\rho}} \tag{5.1}$$

上式 5.1 中，X 表示产品，A 代表技术进步水平的参数，L 和 K 分别代表生产 X 产品需要投入的劳动力和资本要素，α_L 和 α_K 分别表示生产 X 产品所投入劳动力要素和资本要素的比例，且 $\alpha_L + \alpha_K = 1$，ρ 为替代弹性系数。

对于私人部门的支出采用固定差异弹性（CDE）的效用函数，所以产品和要素处于出清状态。政府部门支出在各个产品之间固定比例分配，采用柯布－道格拉斯（C－D）的效用函数：

$$U = X^{\alpha} Y^{1-\alpha} \tag{5.2}$$

在上式 5.2 中 U 代表效用，X 和 Y 表示两种异质产品，α 表示 X 的效用在 U 中的占比，$1-\alpha$ 则表示 Y 的效用在 U 中的占比。在开放经济条件下，国际贸易是商品与资本在国际间流动，国际商品与国内商品存在一定的替代关系，因此 CES 方程转化为：

$$F(X_m, X_d) = [\alpha_L X_m^{\rho} + \alpha_K X_d^{\rho}]^{\frac{1}{\rho}} \tag{5.3}$$

上式 5.3 中，X_m 代表进口产品，X_d 代表国内产品，$\rho \in (0, 1]$，其余参数与式 5.2 一致。

5.3 数据整理与模拟方案

5.3.1 数据库整理

本书采用 GTAP8.0 数据库作为数据基础，该数据库是以 2007 年为基础数据，并融入了标准国家 I－O 表总体数据（主要来源于世界银行数据）、双边贸易流量与运输数据（来源于 USDA 和 SPB 数据库）、贸易保护数据（来源于 ITC－Geneva、CEPII、OECD 等）以及能源数据等。该数据库提供了 129 个国家和地区的 57 种产品及 5 种生产要素构成的庞大数据体系，为了简化研究对象以体现针对性，本书首先将 129 × 57 × 5 的数据包加总为 7 × 12 × 5 的数据包，在加总过程中参考胡冰川（2016）的研究思路，将原料奶与乳制品分列，从而更好地研究政策冲击对乳业产业链不同环节的影响，并能体现在两者之间的传导（详见表 5－1）。

除了中国—新西兰、中国—澳大利亚等直接涉及中国乳业的区域 FTA，在“一带一路”倡议沿线区域还存在海合会、东盟、南盟 FTA、欧亚经济联盟等众多 FTA，但考虑到与中国乳业进出口的直接关系，将全球分为表 5－1 所列国别地区，来分析中国与 FTA 及非 FTA 国家间在不同政策信号模型影响下，产生的经济效应差异。

表 5－1　　模型加总列表

国别地区	中国、新西兰、澳大利亚、欧盟、美国、东南亚、其他地区
部门	谷物、头类、牛奶、乳制品、加工食品、纺织品、矿产、轻工业品、重工业品、交通运输、服务、公共产品
要素	土地、非熟练劳动力、熟练劳动力、资本存量、自然资源

由于本书模拟建立 FTA 之后的政策对中国乳业的影响，考虑到“一带一路”倡议目前处于发展前期，为提高政策模拟效果的进度，采用 Walmsley 递推动态方法，对 GTAP 8.0 数据库的非熟练劳动力、熟练劳动力、资本存量的基础数据外推至 2025 年，并以 2025 年作为基期进行政策效应的模拟。传统的 CGE 模型是基于比较静态的视角，对于测度贸易政策的短期冲击效应效果十分明显，但对于贸易政策在更长时期内对产业结构调整等方面的发挥的长效作用难以描述，所以本书选择在比较静态 CGE 模型基础上，采用递推动态的思路对 FTA 可能发展的政策变动的长期影响进行模拟预期。

其中 2007—2025 年标准国家的资本数据来自于 WEO 数据库，非熟练劳动力与熟练劳动力数据来自于 World Development Indicators 数据库。由于资本存量数据无法直接从数据库获取，因此借鉴 Walmsley 的方法做出转换，假定资本折旧率为 4%：

$$K_t(r) = K_{t-1}(r) \times (1 - 4\%) + GDI_t(r) \tag{5.4}$$

式 5.4 中，$K_t(r)$、$K_{t-1}(r)$ 指 r 国在 t、$t-1$ 期资本存量，$GDI_t(r)$ 是 r 国 t 期国内投资总额。

非熟练和熟练劳动力的数据的估算方法：

首先，发展中国家，采用了 Ahuja Vinod 和 Filmer Deon（1995）的估算方法，即以教育程度作为区分非熟练与熟练劳动力的标准，根据以下公式 5.5 由劳动力数量、受中高等教育的比例估算熟练劳动力的数量（受教育水平数据来自 WDI 数据库）。

$$SKLAB_t(i,r) = SKLABSHR_t(i,r) \times LAB_t(r) \tag{5.5}$$

式 5.5 中，$SKLAB_t(i,r)$ 表示 r 国中高等教育水平的熟练劳动力数量，$SKLABSHR_t(i,r)$ 表示 r 国受中高等教育水平的比例，$LAB_t(r)$ 表示 r 国劳动力数量。

其次，发达国家熟练劳动力的估算参考 CPB（1999）提供的熟练劳动力估计数据，该数据库提供了 1994—2050 年发达国家和发展中国家共 12 个地区的熟练劳动力估计数据，且提供了 25 个发达国家数量熟练劳动力的比例，据此可以得到发达国家熟练劳动力的估算比例。

5.3.2　模拟方案设计

根据第四章研究结论，有理由以贸易自由化对中国乳业的可能影响进行合理假定，即中国—新西兰自由贸易区、中国—澳大利亚自由贸易区以及“一带一路”倡议对中国乳业贸易的影响主要体现在关税、技术性贸易壁垒以及运输成本三个方面。冲击模拟包括如下假设：

（1）中国与乳业主要贸易国通过 FTA 的签订，带来国际化合作进一步加深，主要体现为关税降低甚至实现零关税。按照目前中国—新西兰、中国—澳大利亚的条款要求，乳及乳制品的平均关税税率从 FTA 签署初期的 10% 的水平，逐渐下降，经过 12 年调至零关税。

（2）通过建立 FTA，中国与乳业主要贸易国在技术性贸易壁垒方面双边减弱，使得双边技术性贸易壁垒以 5%—10% 的比例下降，采用 GTAP 数据库中的 TO 指标来代表技术性贸易壁垒的变化。该指标被用于度量某些政策变量所造成的产出扭曲，其公式如下：

$$TO = VOS/VOM \tag{5.6}$$

其中，*VOS* 表示企业产出所面临的实际价格，*VOM* 表示产品的产出价值。当 *VOS* 与 *VOM* 相等时，表示不存在产出扭曲。*TO* < 1 则表示政策对该国产出造成了负面影响，且 *TO* 值越小，该影响越大。当一国实施技术性贸易壁垒时，政策必然对进口产品来源国的产出造成负面的冲击影响，因此，本书通过对 *TO* 指标施加正面调整来模拟技术性贸易壁垒削弱对 *FTA* 内部及外部国家产出造成的影响。

（3）在“一带一路”倡议引导的深入合作下运输体系得到了长足发展，导致运输成本降低，运输技术系数上升（设计上升 25%），而对于乳制品当中的冷链运输部分对运输能力的依赖性非常强，沿线国家运输系统的优化将直接扩大乳业冷链物流的半径和速度，进一步推动乳制品贸易的发展。

（4）保持 GTAP 模型的基本经济学假设不变。通过以上冲击变量，模拟四个方案、3 种情景（见表 5－2），分析贸易自由化下中国及乳业贸易伙伴国乳业所面临新的三类政策冲击后带来的经济预期效应，包括原料奶、乳制品的国内产量与价格、双边原料奶及乳制品贸易量及贸易额、各国（地区）内部福利水平以及 GDP 增长等方面。

表 5－2　　基于 GTAP 模型的 FTA 内部贸易自由化政策模拟

方案设计		政策冲击变量	情景 1	情景 2	情景 3
方案Ⅳ	方案Ⅰ	乳及乳制品双边关税（tax）	-5%	-10%	-10%
	方案Ⅱ	双边技术性贸易壁垒（TO）	5%	5%	10%
	方案Ⅲ	运输技术系数（tra）	25%	25%	25%

注：情景模拟数据为正表明冲击变量数值增加；为负表明冲击变量数值减少。方案Ⅳ为方案Ⅰ、Ⅱ、Ⅲ同时发生。

5.4　模拟结果分析

5.4.1　社会福利水平及 GDP 的总效应

5.4.1.1　不同情境下社会福利水平的变化

GTAP 模型对于国家（地区）社会福利水平的测度给出了两类指标，一是居民收入的绝对值；二是收入等值（Equivalent Variation，EV），即社会总体收入总和。由于两个指标模拟结果相差较小，且均可以综合反映国家（地区）的人均总效用和贸易的冲击影响，所以本研究采用收入等值来测度社会福利水平的变化。通过表 5－3 模拟分析数据，可以得出如下结论：首先，在方案Ⅳ中的 3 种情境下中国及主要乳制品进出口贸易地区社会福利水平均得到了不同程度的改善；第二，在各地区中新西兰、欧盟的社会福利获得改善的程度最高，这主要是由于两地区乳制品国际市场占有率、RCA 指数等均较高（详见第三章 3.3.1 相关内容），使得乳制品自由贸易带来的福利效应更为突出；第三，除了与中国签订 FTA 和签署“一带一路”倡议的地区之外，例如美国、欧盟（主要指乳制品国际竞争力较强的德国、芬兰等地）等非 FTA 地区也在乳制品贸易自由化发展中获得了福利提升，打破了传统 FTA 对非成员国（地区）产生的负面效应，体现了乳制品贸易自由化改善世界总体福利的公共性。

表 5-3 方案Ⅳ中三种情境下各地区居民福利水平变化 单位:%

EV（%）	情景 1	情景 2	情景 3
中国	0.199	0.202	0.223
新西兰	0.468	0.489	0.493
澳大利亚	0.140	0.167	0.169
欧盟	0.234	0.237	0.245
美国	0.021	0.007	0.004
东南亚	0.087	0.098	0.101
其他地区	-0.002	-0.004	-0.007

资料来源：GTAP 8.0 模拟结果整理得出。

在针对方案Ⅰ、Ⅱ、Ⅲ的单独实施冲击效果进行分析，表 5-4 冲击福利效应数据表明：第一，随着 FTA 内部乳制品进口关税降幅的增加，对 FTA 内部国家福利效应逐渐累积，尤其新西兰的贸易创造效应带来的福利增长最为显著；而对于非 FTA 国家，社会福利将受到负向影响，其中欧盟收到冲击效应较强，这主要是由于 FTA 内部乳制品关税减低带来贸易转移效应，从欧盟进口的乳制品将被新西兰、澳大利亚等地区的进口增长所替代。第二，FTA 内部双边技术性贸易壁垒的减弱（ams 变量降低）对伙伴国福利的提升有正面效果，尤其在内部各国间进行比较，中国获得福利增长的效果最为明显，说明技术性贸易壁垒对中国贸易发展的限制较其他地区更为明显；对非 FTA 国家，技术性贸易壁垒的减弱同样具有负向效应。第三，运输技术系数增加对世界各地都具有正向相应，其中对于欧盟地区的正面冲击效应最强；随着 FTA 内部运输体系的建立，尤其是在"一带一路"倡议的部署，签署国内部公路运输体系的先行大力发展，不仅促进了 FTA 国家（地区）社会福利的增加，也具有显著的溢出效应，可以进一步推动全球货物物流体系的发展，从而提升各地区的社会福利水平；运输技术系数的增长还对关税、技术性贸易壁垒给非 FTA 国家（地区）带来的负向冲击效应进行了弥补，使得美国、欧盟等地在方案Ⅳ下的社会总福利得到改善。

表 5-4　　方案Ⅰ、Ⅱ、Ⅲ中三种情境下政策冲击福利效应　　单位：%

EV（%）	方案Ⅰ			方案Ⅱ			方案Ⅲ
	情景 1	情景 2	情景 3	情景 1	情景 2	情景 3	
中国	0.012	0.014	0.015	0.058	0.062	0.089	0.083
新西兰	0.347	0.543	0.577	0.021	0.023	0.044	0.008
澳大利亚	0.120	0.175	0.178	0.018	0.019	0.024	0.003
欧盟	-0.030	-0.055	-0.067	-0.005	-0.010	-0.017	0.454
美国	-0.001	-0.002	-0.002	-0.003	-0.004	-0.007	0.012
东南亚	0.067	0.098	0.110	0.003	0.003	0.006	0.178
其他地区	-0.006	-0.009	-0.009	-0.002	-0.003	-0.007	0.013

资料来源：GTAP 8.0 模拟结果整理得出。

5.4.1.2　GDP 增长率的变化

表 5-5 数据展示出建立 FTA 之后，各区域实际 GDP 相对于及其水平变动的结果。模拟结果显示，整体来看，建立 FTA 将为内部国家宏观经济带来积极影响，其中作为中国贸易伙伴国的新西兰将获得最大收益，在最保守的情景下还能获得 0.045% 的 GDP 增长。这主要由于新西兰作为中国乳制品的最大进口国，在中国—新西兰 FTA 签署之后，关税的减免进一步增加了中国对新西兰乳制品的进口需求，并产生了贸易替代，使得中国的进口来源更为集中。同时，乳业作为新西兰农业的支柱产业之一，乳业出口的大幅提升必然会带来一系列的辐射效应和互动效应，带动国内农业、乳制品加工工业乃至仓储、物流、运输等一系列产业的发展，促进就业，最终为宏观经济的增长提供贡献。

中国、澳大利亚以及东南亚地区也在 FTA 框架下实现了宏观经济的增长。中澳之间的贸易增长同样主要集中在乳业领域，随着双边关税的减免乳业国际经济的发展提升了国内相关产业的发展，并逐步传导至宏观层面。中国和东南亚国家（地区）在“一带一路”倡议下，主要集中在贸易、交通和旅游等方面开展了大量的互联互通合作。并且，中国与东南亚国家在乳制品贸易领域的互补性较强，为中国海外市场的发展提供了机遇，例如伊利大举进入印度尼西亚、收购泰国乳制品企业（Chomthana 公司），蒙牛常温、低温和冰淇淋的 30 多个产品已销售至印尼、新加坡、马来西亚、缅甸、菲律宾、柬埔寨等国，以此产生了显著的贸易创造效应。

对于非 FTA 国家和地区的美国、欧盟等地，虽然在社会福利方面政策模拟结果均为正向效应，但在 GDP 增长方面却均为负向影响。这表明，中国在贸易自由化进程的发展中会对美国、欧盟等地的经济带来一定的冲击，但是随着“一带一路”倡议下区域交通运输基础设施建设的不断发展，会一定程度上弥补冲击影响。

表 5－5　　方案Ⅳ中三种情景下各地区 GDP 相对变化率　　单位:%

GDP（%）	情景 1	情景 2	情景 3
中国	0. 029	0. 032	0. 043
新西兰	0. 045	0. 058	0. 064
澳大利亚	0. 025	0. 027	0. 027
欧盟	－0. 013	－0. 017	－0. 025
美国	－0. 007	－0. 012	－0. 014
东南亚	0. 023	0. 028	0. 033
其他地区	－0. 001	－0. 002	－0. 002

资料来源：GTAP 8.0 模拟结果整理得出。

5.4.2　国内乳业生产及价格水平效应

表 5－6 数据说明了国内乳及乳制品进口情况在三类政策变量发生变化后对应的变化情况。从乳及乳制品进口角度来看，FTA 签署后，随关税水平下降、技术性贸易壁垒削弱以及运输技术系数提升等综合效果，相应的政策实施确实带来了进口替代效应：第一，原料奶进口量快速增加，根据情景模拟原料奶增加量从 29.07% 的水平增长到 70.21%，随之进口原料奶价格从下降 15.53% 的水平上进一步下降至 53.28%，这将对国内奶牛养殖产业带来很大的冲击影响，会造成进口奶源对国产奶源的进一步替代。第二，国内乳制品进口量也快速增加，最大增加幅度达到 38.67%，但整体水平不及原料奶增长水平，说明进口创造效应更多惠及海外原料奶出口地区；乳制品进口价格也趋于下降，下降速度较进口量增速缓慢，说明进口额将趋于增长。

从国内乳及乳制品出口角度来看，国内原料奶出口量在政策实施后有小幅上涨，最保守情况也有1.53%的增幅，同时伴有原料奶出口价格小幅下跌，但通过比较出口量增长与出口价格下跌情况，发现价格下跌速度相对较缓，因此综合效果使得国内原料奶出口额整体呈增长态势，对应三种情景分别增长0.058%、0.30%、0.39%①；国内乳制品出口量增长较为显著，最优情景能带来9.89%左右的增幅，虽然市场价格有所下降，但仍使得乳制品出口额分别增长2.06%、2.27%和3.27%②。综上，FTA的建立，在乳及乳制品贸易领域给中国乳业带来了一定的出口创造效应，该效应更多体现在乳制品出口领域，伴随中国乳制品企业海外发展的稳步推进，该效应的发挥效果会更加显著。

表5-6　方案Ⅳ中三种情景下国内乳及乳制品进出口情况变化　　单位:%

项目	情景1	情景2	情景3
国内原料奶进口量	29.07	68.43	70.21
国内原料奶进口价格	-15.53	-43.22	-53.28
国内乳制品进口量	12.56	36.89	38.67
国内乳制品进口价格	-9.44	-20.15	-26.41
国内原料奶出口量	1.53	3.97	4.24
国内原料奶出口价格	-1.45	-3.53	-3.69
国内乳制品出口量	6.70	8.53	9.89
国内乳制品出口价格	-4.35	-5.77	-6.02

资料来源：GTAP 8.0模拟结果整理得出。

在结合国内乳业生产情况进行政策模拟分析，结果见表5-7。根据表5-6模拟结果可知，政策变量变动对中国乳业带来的进口替代和出口创造两种影响，但其中主要是进口替代效应，这也就意味着从预测期来看，FTA的建立主要给中国乳业带来了冲击影响，进一步造成了国内原料奶生产量的减少，减少量最少也要在7.8%的水平，将会进一步限制国内养殖产业的发展。同时对于中国乳制品行业而言，冲击同样存在，仅是幅度相对于上游环节要轻一些，预计将减产1.3%—2.3%的水平。根据目前乳制品加工行业的

① 为三种情景下，出口量相对变动乘以出口价格相对变动。

② 同为三种情景下，出口量相对变动乘以出口价格相对变动。

发展现状，这种减少主要是针对市场竞争力较弱的中小型加工企业。随着大型乳制品企业国际化发展过程中充分获得了海外市场拓展带来的好处（积累技术与创造财富），而这些对于仅在国内发展的中小型企业来说是望尘莫及的，又加之国内市场被进口乳制品冲击，国内乳制品的市场份额将进一步集中在开展国际化发展的乳制品企业间，中小型乳制品加工企业的发展空间将被进一步打压。

表 5－7　　方案Ⅳ中三种情景下国内乳业生产情况变化　　单位：%

项目	情景 1	情景 2	情景 3
国内原料奶产量	－7.8	－12.3	－12.6
国内乳制品产量	－1.3	－2.3	－2.3

资料来源：GTAP 8.0 模拟结果整理得出。

5.5　本章小结

当前，中国贸易自由化进程的不断推进对国内各产业发展都带来了机遇与挑战，而乳业由于本身仍处于国际竞争力较低水平，所以面对冲击势必要经历一段砥砺发展期。但是，根据生命周期理论与区域经济一体化理论，区域贸易自由化带来的市场适度竞争、要素流动与技术交流等最终会引领产业的升级发展，同时提升贸易伙伴国之间的社会福利。本章通过实证分析所得结论如下：

（1）通过模拟贸易自由化带来的关税减免、技术性贸易壁垒的双边削弱以及运输条件的改善等政策造成的影响，对贸易自由化下中国与新西兰、澳大利亚、欧盟、美国、东南亚等主要贸易国家（地区）及世界其他地区之间的社会福利及 GDP 变动进行了模拟。从社会福利角度来看，通过冲击模拟表明：由于贸易创造与促进效应贸易自由化会对中国及与其贸易关系较为密切的国家（地区）带来社会福利的提升效应；而对于贸易关系相对松散的世界其他地区则有一定的贸易转移与替代效应，从而造成社会福利的削弱。从 GDP 变动来看，贸易自由化对 GDP 的促进效应主要集中在 FTA 内部，对外部国家（地区）有一定的排斥效应。综上，建立 FTA 能够促进中国与伙伴国之间的福利与 GDP 的提升，对未来推动中国经济稳定健康发展有积极影响。

（2）贸易自由化政策模拟，对中国进口乳及乳制品的预期效应为：原料奶进口数量最高涨幅达到 70.21%、乳制品进口数量最高涨幅达到 38.67%。同时，根据模型预测国内原料奶产量减少最少达到 7.8%、乳制品加工数量预计减少为 1.3%—2.3%。因此，贸易自由化进程的推进，预期给国内乳业带来更为强烈的市场冲击。但是，需要注意的是，这种预测更多的体现为贸易自由化给奶牛养殖业、乳制品加工业发展短期的压力与冲击的可能结果，并不具有实际意义上的因果关系。从实践经验来看，随着奶牛养殖业技术装备水平、资金投入水平与政策扶持力度的不断提高，同时乳制品加工企业国际化发展的战略布局逐渐稳定，可以通过比较优势的动态调整来应对贸易自由化的冲击。所以，在现实乳业发展过程中，以上预计的原料奶及乳制品的减产情况并不必然发生。此外，通过模拟还可以发现贸易自由化对中国原料奶及乳制品的出口有一定的促进作用，这主要是对“一带一路”倡议沿线新兴市场的未来出口潜力的增长，如蒙牛、伊利等乳制品加工企业对东南亚市场的积极开拓。

第六章 中国乳业国际化发展动因、模式与挑战

——基于企业微观视角

中国乳业的发展一直受到学术界、国内外相关行业人士以及广大消费者的密切关注，不仅因为乳业产业链长、附加值高、产品丰富，是中国现代农业发展的关键产业，同时乳业也事关国家食品安全监管的发展。并且，乳制品更是消费者日益重视的有助于提升全民身体素质的重要营养来源。本章以六大中国乳制品企业为抓手，对中国乳制品企业国际化发展的动因、现状与存在的问题进行分析。

6.1 国际化发展现实与理论依据

6.1.1 产业发展实践基础

在“后三聚氰胺”时代下，中国乳业仍面临市场信心恢复不足、国际价格冲击等压力，乳制品市场的竞争早已不再是国内乳制品企业之间的博弈，而是中国乳制品企业与众多世界级乳业品牌的实力较量。随着 2018 年国务院《关于推进乳业振兴保障乳品质量安全的意见》出台，新形势下中国乳业将进入全面振兴的发展阶段，产业竞争力要达到世界先进水平，在奶源基地、产品加工、乳品质量和产品消费四个方面都要得到全面提升，而这些方面的发展离不开中国乳制品企业的国际化发展。2010 年 7 月光明乳业以 3.82 亿元收购新西兰新莱特公司 51% 股权，开启了中国乳制品企业国际化发展的元年。

随后，澳优、贝因美、伊利、蒙牛、圣元等国内知名乳制品企业相继“走出去”，海外投资领域包括奶源基地、加工工厂和研发中心建设等，国际化发展正在成为中国乳业新常态（霍晓娜，2016）。中国乳制品企业要突破发展藩篱，提升品牌国际竞争力，不但要加强国内行业的规范发展以修内功，还要快速提升国际影响力以练外功，而中国乳制品企业“走出去”就成为中国乳业全面振兴道路上的加速器。

6.1.2 产业发展科学规律

已有对中国乳业的研究主要从原料奶供应（Wang 等，2017；于海龙等，2018）、生鲜乳加工与质量安全（Xiu 和 Klein，2010）、产业链发展（于海龙和李秉龙，2011、2015）以及国际竞争力（姜冰等 2017）等方面展开，研究基本都是集中在宏观层面，而近年来更多关注于“引进来”对国内乳业发展带来的各种冲击（胡冰川和董晓霞，2016）。虽然学界有所关注，但针对微观层面乳制品企业发展研究的文献较少，尤其对于当前国内乳制品企业“走出去”的系统性研究更加稀缺。农业“走出去”有广义、狭义之分，广义上包括农业投资、农产品出口及农业对外合作与援助等；而本书中“走出去”侧重狭义概念，是指中国涉农企业通过资本、技术、产品以及劳务输出等多种方式开展的国际化发展（陈前恒等，2009）。企业国际化研究发端于 20 世纪 50 年代，以产品生命周期理论与海默（Hymer，1960）的特定优势理论为代表，主要基于资源基础和战略选择两条发展路径。随后巴克利和卡森（Buckly 和 Casson，1976）基于科斯的交易成本理论，提出企业会不断内部化中间产品的交易，而这种内部化的跨越国界行为就是企业的国际化。约翰森和瓦伦（Johanson 和 Vahlne，1993）后根据网络理论，证明企业国际化的目的是企业通过各种途径获得市场知识，逐渐接近目标市场的过程。而后国际创业的相关理论的提出使得企业国际化研究理论与框架日益丰富。但现有研究多基于欧美等发达国家高度市场化下企业国际化背景，并不能直接指导国内企业尤其是涉农企业的国际化发展。所以，在产业发展规律的支配下，中国乳业发展的必然趋势是走向国际化发展阶段，但由于没有能够直接借鉴的现实经验和丰富的理论支撑，“走出去”的过程更多需要“摸着石头过河”。

6.2 国际化发展的动因分析

6.2.1 乳制品企业内部的“供给侧改革”

国内奶牛养殖业因养殖技术及饲料价格等问题导致成本高企，2014 年国内生鲜乳平均价格为 3.70 元/千克，而德国、新西兰、澳大利亚等国家的生鲜乳收购价格每年基本仅在 2.80—3.20 元/千克，甚至低于国内的养殖成本（李胜利等，2015）。由于国内生鲜乳价格持续高于进口原料奶，与国际价格形成价格倒挂，国外原料奶的成本优势明显。此外，国内原料奶市场价格波动频繁，使乳制品企业成本溢价风险难以控制。据行业统计数据显示，国内原料奶价格从 2013 年下半年至 2014 年经历了“过山车”式的变动，收购价从 3.5 元/千克快速攀升至 4.3 元/千克，幅度高达 23%，导致乳制品企业利润被极度压缩，产能被迫萎缩。直至 2014 年下半年由于世界范围内的原料奶产能过剩，全球原料奶价格跳水，国内原料奶价格才从 4.3 元/千克下跌回 3.81 元/千克，下跌幅度达到了 7.1%。虽然原料奶价格回落使得乳制品企业生产成本回缩，但原料奶价格的大幅涨跌使得本就脆弱的中国乳业风险凸显。因此，越来越多的中国乳制品企业在着力打造自有奶源基地的同时，也不得不大量使用进口原料。根据海关统计数据，2017 年中国进口原料奶粉 71.81 万吨，同比增加 18.9%。虽然依靠进口一定程度上缓解了中国乳制品企业内源性成本风险，但进口依赖的增加却又带来了外源性风险。2017 年进口原料奶粉平均价格为 3020 美元/吨，同比增长 23.4%，中国乳制品企业的成本风险受制于国外大型原料奶生产企业。因此，国内乳制品企业的“走出去”首先是以资源为基础的战略选择，通过海外投资、建立海外生产基地得以获取海外奶源稳定供应，在促进中间品交易成本内部化的同时增强风险控制能力。

6.2.2 产品线多元化发展的需要

奶酪是乳制品产品线中营养价值最高的品类。据美国农业部测算 2015 年全球奶酪消费量为 1999.5 万吨，约合 700 亿美元（按照恒天然给出的平均价格计算），并且奶酪的消费需求还呈逐年稳步增长，蕴藏了巨大的商机。虽然根据中国乳业协会的数据，2008—2015年国内奶酪进口量从1.39万吨提升至7.56万吨，涨幅达到27.4%，表明国内奶酪消费需求的快速增加。但结合Euromonitor的数据，目前美国每年奶酪消费量约371万吨，日本和韩国分别为23万吨和11万吨，而中国仅7万吨；从人均消费来看，日本和韩国的人均消费量分别为2.26千克和2.57千克，中国人均消费量约为0.04千克，仅为日本和韩国的1/50。这就意味着国内奶酪市场还处于初步发育阶段，消费习惯培养还尚需较长时间，市场开拓成本较高。同时，有限的国内奶酪市场份额又被百吉福等国外大品牌把持，国内品牌仅有妙可蓝多一家具有竞争力，市场门槛高、准入难、竞争激烈。再者，奶酪生产会产生大量的副产品乳清，由于国内生产技术限制，乳清处理成本较高，分摊到奶酪上造成国内奶酪产品价格不具竞争力。而在欧美等奶酪主要消费国直接投资奶酪生产线，符合产品生命周期规律。通过有效对接成熟消费市场，可以充分发挥市场优势及成本优势。巨大的市场需求也为国内乳制品企业品牌海外发展带来更多机遇，同时还可规避技术引进限制，直接采用国外最新生产技术降低副产品处理成本，并提升中国乳制品企业品牌的国际影响力。

6.2.3 适应消费偏好变化

随着“三聚氰胺奶粉”事件的逐渐远离，国内消费者对于国内乳制品的信心正在逐步恢复，但由于近年来食品安全、医疗卫生安全事件的频出，同时代购、海淘等消费渠道的不断拓展，加之从众心理，消费者尤其在高端乳制品的选择上更倾向于影响力更大的国际品牌。在市场驱动下，近些年来世界各大乳制品品牌夹杂着各类山寨产品、贴牌代加工产品以及专供中国市场的低质产品趁势涌进中国市场。目前国内拥有食品药品监督管理局认可的奶粉品牌高达2000多个，国外品牌400多个。在更加激烈且无序的市场竞争，中国乳制品企业通过“走出去”，稳定原料奶、更新生产技术，有效控制成本，增强产品竞争力。并且，通过收购国外品牌、提升奶源结构、创立新的产品线及品牌，满足了市场对于国外品牌及奶源的偏好，增强了市场支配力。例如，光明乳业在新西兰设立研发中心，投资设厂研发生产高端婴幼儿奶粉，其自主品牌培儿贝瑞高端婴幼儿奶粉，迅速占领了中国市场10%的市场份额（李尚蒲和黄尹婷，2016），打破了国外品牌对国内市场的垄断。

6.2.4　奶粉新政背景下的短期市场行为

2013年12月25日国家食品药品监督管理局正式发布《婴幼儿配方乳粉生产许可审查细则》，规定婴幼儿配方奶粉生产需参照“药品模式”，按照危害分析和关键控制点体系（HACCP）、粉状婴幼儿配方食品良好生产规范（GMP）等要求建立运行质量管理体系。而HACCP与GMP标准极大提高了乳制品企业硬件准入要求，规模较小的企业为了获得更多的奶粉配方注册资格，而积极布局海外市场，带动了近期乳制品企业海外投资体量的快速增长。但是这些企业海外投资的规模较小，且建厂又多采用干法工艺，目的更多是为规避奶粉新政，而非实现真正意义上的国际化经营，具有较强的投机特征从而难以持续。

6.3　国际化发展的战略布局与主要模式

6.3.1　海外战略布局

自2010年以来，中国乳制品企业“走出去”涉足欧美澳等地区，可以大致分为三个战略阶段，每个阶段市场布局的侧重点均有较大区别：

第一个阶段为稳定奶源战略阶段，此阶段的战略定位旨在布局本国市场，周期为2010年至2014年，尤其以2013—2014这两年是该阶段的高潮期（见表6－1），部分国内大型乳制品企业加速布局海外奶源基地与工厂。这一高潮期的到来主要由于2013年5月以来，国内乳制品企业加快了转型升级、兼并重组的步伐，主线在于控制国外原料奶来源即“海外寻奶”，并且优质海外奶源也是国内市场竞争的一个宣传点。国内乳制品企业争先“走出去”，通过直接收购海外乳品生产企业、投资建设海外牧场迅速扩张海外原料奶市场占有率。国内大型乳制品企业将市场竞争的战场从国内移向海外，而海外竞争的目的又在于进一步提升国内市场竞争实力。

第二个阶段为优化升级战略阶段，此阶段大型乳制品企业基本完成国际化的初步布局，战略定位调整为国内外市场并行发展，但更多的着眼于全球市场，周期始于2015年并一直持续至今。虽然奶源是乳制品企业的命根子，但按照农业生产规律，奶源紧张周期并不会长期持续，乳制品企业海外原料奶市场的控制无非是加快了这一过程。所以从2014年年末全球原料奶供应恢复，中国乳制品企业海外投资的目标便更多的放在全球乳制品市场的布局上。2015年开始中国乳制品企业放慢了海外投资的体量与脚步，并对前一阶段海外投资进行消化吸收，尤其是进行海外布局的资源整合与优化。在不断加深本土化的过程中，依靠投资的海外品牌间接扩展国际市场。另外，还不断利用海外投资提升生产经营技术水平，将投资重点转向海外研发与技术创新。例如蒙牛引进源自法国达能全球统一的质量管理体系（FSI），逐步对中国11家蒙牛工厂进行对标升级。

第三个阶段为品牌开拓战略阶段，此阶段的战略定位旨在进一步提升品牌国际影响力与竞争力，是中国乳制品企业真正实现“走出去”的未来发展趋势。虽然国内乳制品企业目前在国际市场上的占有率和品牌知名度还不具备较强的竞争力，但是如伊利、蒙牛、光明等大型乳制品企业已经在积极准备全球品牌发展战略。例如，伊利赞助北京2022年冬奥会和残奥会、皇马俱乐部等，蒙牛与博鳌论坛长期合作，以及赞助了2017北京马拉松、网球公开赛等重大赛事，2017年底更大举投资20亿元正式成为2018年FIFA世界杯全球官方赞助商等。这些举措无疑是为了提升品牌国际知名度，为下一步品牌国际化发展做好铺垫。可以预计到2025年，中国乳制品企业尤其是国内大型企业将进入该战略阶段，逐步实现自有品牌的国际化发展。

6.3.2 国际化的主要模式及特点

（1）收购。该模式是中国乳制品企业早期国际化的主要模式，具有代表性的为光明、澳优两大乳制品企业（见表6－1）。中国乳制品企业通常是以收购对方股权或资产收益的方式，获得目标企业的资产所有权或控制权，进而直接获得对应的品牌、市场份额和产能。光明一直以来主打海外收购模式，从新莱特到特瓦鲁，光明实现了寻求进口奶源以及引进先进养殖加工管理技术的目标，并进一步推进了海外投资资产的证券化进程。澳优与大多数中国乳制品企业不同，具有“天生”的海外身份，以全进口奶源作为品牌的发展根本，通过国外贴牌生产走国际路线。所以，澳优的海外收购主要是进一步稳定海外奶源基地，同时强化自身进口乳制品品牌形象。除上述两家乳制品企业外，还有蒙牛、贝因美也采用了收购模式，其中蒙牛主要是看中多乐滋品牌在国内长期积累的品牌价值，而贝因美主要是扩大海外产能。但是，该模式容易遭受到东道国的政治风险，收购后对原企业的经营管理与人事风险也较大。

（2）合资。该模式是包括伊利、蒙牛、澳优、贝因美等几大中国乳制品企业海外投资的重要模式，同样也是中国乳制品企业海外本土化发展的主要渠道。与收购主要体现企业的单方面诉求不同，合资更多体现了双方企业的合意与选择。合资双方通过共同经营、共同分享股权及管理权、共担风险，实现了乳业全产业链合作。根据表6－1中汇总信息，当前中国乳制品企业合资模式投资的主要方向还是产业链上游基粉生产，并且根据农业部掌握的信息生产的基粉中一大部分返销中国市场，但具体比例各公司并未公开。通过该模式，对中国乳制品企业而言提高了高端奶源的控制力，对海外合作伙伴而言为获得进入中国市场的机会。

（3）独资。该模式对企业资本要求高、投资周期长、管理风险大，但乳制品企业对于经营管理具有完全控制权，可以独立支配所得利润，以伊利大洋洲基地项目、蒙牛旗下雅士利新西兰奶粉厂与圣元卡莱梦工厂为典型。伊利大洋洲基地投资高达30亿元人民币，基地建设包括年产16.2吨功能性乳蛋白牛乳深加工项目、年产8万吨UHT奶项目、年产5.6万吨全脂奶粉生产项目及年产3万吨婴儿奶粉项目等子项目。雅士利投资11亿元人民币投建新西兰加工厂，奶粉基粉产能可达5.2万吨/年以及奶粉成品包装产能2.5万吨/年。圣元自2013年开始总计投入15亿元人民币，建设10万吨产能的现代化婴儿奶粉的卡莱梦工厂。综上，中国乳制品企业采用独资模式主要目的为建立海外奶源基地，且由于资本门槛较高，只适合于大型乳制品企业。通过该模式乳制品企业进一步提升了产能、丰富了产品线并优化了奶源结构，提升了国内外高端乳制品竞争力。

（4）战略合作（国际战略联盟）。与其他中国乳制品企业相比，伊利与蒙牛两大乳业巨头更倾向于采用战略合作的模式开展国际化。战略合作或称为国际战略联盟，合作企业可以优势互补，并有助于迅速开拓海外新市场、获得新技术、实现节本增效，谋求战略性竞争策略，寻求额外的资金来源。但是，该模式的局限性主要体现在需要企业本身具有足够的行业号召力和市场影响力。而意大利斯嘉达 CEO 也明确表示，与伊利达成战略合作主要考虑到“伊利作为中国乳业中的第一品牌”的品牌影响力和背后的品牌资源与管理能力。伊利、蒙牛两大乳制品企业主要与欧洲各地开展战略合作（见表 6－1），合作领域主要为高端乳制品研发与生产。较上述“走出去”的模式，中国乳制品企业选择战略合作模式是更具优势的国际化发展模式，既能获得合作方品牌资源和先进的生产管理经验，同时规避了海外收购的高昂成本与可能的失败风险，还能通过合作品牌的国际美誉度进一步夯实国内市场占有率，并逐步为自有品牌的国际化发展打通通道，建立在东道国的影响力。

表 6－1　　中国部分乳制品企业国际化发展情况

公司	合作国	起始时间、投资模式	合作对象及主要方向
光明	新西兰	2010 年，收购	认购并增持新莱特股权，进入新西兰奶源市场
		2013 年，收购	
	以色列	2015 年，收购	收购特鲁瓦股权，获取养殖技术与扩大产能
澳优	荷兰	2011 年，收购	收购海普诺凯股份，建设工厂，投资主要用于获得奶源
		2014 年，合资	
	澳大利亚	2016 年，收购、合资	收购 Nutritio Care 公司，与 Westland 合资建设婴幼儿配方奶粉以及成人营养产品的工厂
		2017 年，收购	
蒙牛	丹麦	2012 年，战略合作	与 Arla Foods（爱氏晨曦）成立中丹乳品技术合作中心，主攻奶酪产品研究
	新西兰	2013 年，战略合作、独资	与 AsureQuality 签署合作框架协议，雅士利独资建设新西兰奶粉基粉工厂，与鹏欣、Miraka 在 UHT 牛奶等高端奶领域达成战略合作
		2014 年，战略合作	
	美国	2014 年，合资	与 WhiteWave Foods 建合资企业，主攻植物蛋白
	法国	2013 年，战略合作	与法国达能在奶粉、低温奶等领域开展战略合作
	欧洲	2014 年，战略合作	与 SGS、LRQA 达成战略合作，促进全产业链发展
	丹麦	2015 年，收购	收购多美滋，获得其全线品牌

续表

公司	合作国	起始时间、投资模式	合作对象及主要方向
伊利	新西兰	2012 年，独资	建设大洋洲基地，主产功能性乳蛋白牛乳深加工 UHT 奶项目、全脂奶粉、婴儿奶粉等
	美国	2013 年，合资	与美国 DFA 合资建厂，主产奶粉
	意大利	2013 年，战略合作	与意大利斯嘉达达成战略合作
	欧洲	2014 年，战略合作	与 SGS、LRQA 和 Intertek 达成战略合作
		2014 年，战略合作	与瓦赫宁根大学成立欧洲研发中心，开展研发合作
圣元	法国	2013 年，独资	建设主要生产婴儿奶粉的卡莱梦工厂
贝因美	爱尔兰	2012 年，合资	与 kerry 合作建设配方基粉工厂
	澳大利亚	2015 年，收购	收购 darnum 工厂 51% 资产权益，获得其产能

资料来源：作者根据部门资料、行业数据、企业资讯等整理。

6.4　国际化发展面临的主要困难与挑战

经历了第一阶段“走出去”的高潮后，近三年来中国乳制品企业进入了国际化发展的盘整期，中国乳制品企业在“走出去”过程中面临的主要困难与挑战可以大致总结为以下四个方面。

6.4.1　政策与企业需求不匹配

政府给予中国乳制品企业海外投资的融资项目与扶持政策较为缺乏，大多数乳制品企业海外投资的资金来源是国内母公司的自有资本，难以获得政策性银行的融资，外部资本基本都来自于商业银行，融资成本较高，并且有严格的外汇政策和资金使用方向限制以及其他附加条件。因此，中国乳制品企业“走出去”资本动力不足，缺乏持续性。另外，海外投资尤其是海外奶源基地的建设遵循农业生产的周期规律，较一般工业投资而言资金回笼周期长、见效慢，又进一步加重了企业资金链负担，不利于中国乳制品企业的国际化发展。

6.4.2 企业自身竞争力不足

由于当前中国乳制品企业海外的知名度较低，导致在海外收购竞标中常处于不利地位。同时，由于“三聚氰胺奶粉”事件等影响，目标企业对中国乳制品企业经营管理和资源整合能力信任度低。再者，中外企业文化及社会背景有较大差异，所以对收购后是否能有效地治理目标企业、合理整合资源等，被收购方对中方企业信心不足。例如光明在对 Yoplait 的收购一案中，虽报价更高但仍败于美国通用磨坊，主要就是由于被收购方对光明的审批流程及自身技术水平的认可度不足。另外，由于目标企业常常是涉及东道国大量行业资源与基础农业资源的重要公司，所以如光明等有“国资”背景的企业在海外投资过程中容易遭受到东道国的政治风险。又由于投资的重点在于乳业领先技术与国际著名品牌，考虑到对于知识产权与行业的保护，进一步加重了东道国的排斥心理。

6.4.3 企业海外资产经营管理风险

企业海外资产经营管理风险成为“走出去”的最大挑战。中国乳制品企业“走出去”的过程中不仅在收购等环节历经艰难，对收购后的企业资源整合与海外资产经营管理更成为乳制品企业海外发展的最大考验。虽然从企业长期发展战略角度来看，海外投资是利好的，但是短期如果对海外资产处理不善，反而会影响公司业绩。例如贝因美在大规模海外并购之后，2014 年开始公司业绩却出现连年下滑。根据 2016 年公司财报，贝因美全年实现营收 27.64 亿元，同比下滑 39.02%，净亏损达 7.8 亿元。此外，近年来中美汇率波动与贸易摩擦等问题也使国内企业面临更高的汇率成本和更大的海外投资经营风险。

6.4.4 国际型人才匮乏

国际型人才匮乏是影响乳制品企业“走出去”的核心问题。目前中国不仅是乳业，整个食品行业都存在严重缺乏拥有跨国集团发展、收购企业文化及相关法律背景的国际贸易人才。由于在收购比例、国际收购运作战略细节、谈判顾问团队构建等方面均有所欠缺，导致在海外投资项目中不能精准地评估目标企业价值。例如，光明在收购澳大利亚糖企 CSR 一案中，由于对目标企业价值评估不当且对于竞争对手信息搜集不足，造成定价略低于竞争对手新加坡丰益国际，导致收购失败。另外，在收购过程中利益风险谈判能力不足，也不能提出有力的中长期发展规划，这也导致了伊利、光明等中国乳制品企业多次出击海外却铩羽而归。

6.5　本章小结

面对产业外部冲击与内部压力，国际化成为中国乳业的必然选择，而乳制品企业的“走出去”是引领乳业国际化的前沿阵地与重要基础。本章研究表明，“走出去”已经成为中国乳制品企业发展的必然趋势和重要动力，在稳定奶源、优化升级与品牌开拓三阶段战略定位指引下，目前乳制品企业主要通过收购、合资、独资以及战略合作四大模式实施“走出去”；乳制品企业“走出去”主要受到融资、竞争力不足与政策风险、经营管理风险以及国际型人才匮乏等四方面的制约，具体结论如下：

（1）基于目前中国乳制品企业海外发展实践与国际直接投资理论基础，中国乳业为应对内部产品结构调整与效率提升、发展产品价值链与适应消费偏好转移，必须打破发展地域边界，积极参与国际乳业资源整合与配置，走国际化发展道路。

（2）目前，中国乳制品企业已基本完成初步的海外乳业布局，主要在奶源基地、加工厂、研发中心等领域进行投资。早期的乳制品企业对外投资主要采用收购模式，但该模式承担风险较大。随着“走出去”的乳制品企业逐渐增多，合资、独资与战略合作逐渐成为主流投资方式，其中战略合作对国内乳制品企业的品牌影响力要求较高，所以目前仅有伊利、蒙牛等大型乳制品企业采用该模式。

（3）面对国际化发展的新局面、新环境、新特点，中国乳制品企业还存在竞争力不足、海外资产经营管理风险管理能力有待提升、国际型人才梯队建设欠缺等内部发展阻力。同时，由于政策体系的发展较企业实践活动具有相对滞后性，所以目前乳业产业的政策支持体系与企业的国际化发展需求还未形成关联对接，也使得企业的融资等重要环节存在较大困难，对国际化进程形成障碍。

第七章　中国乳业国际化的区位选择与贸易效应分析

——基于企业OFDI视角

受全球贸易自由化影响，中国乳业在经历了恢复期后迅速进入了国际化发展的新阶段。从国内乳业对外发展来看，主要是以乳制品企业的海外发展为依托，以乳制品企业的对外投资为途径，例如光明、澳优、伊利、蒙牛、圣元及贝因美等上市企业为代表的中国乳制品企业，通过在养殖基地、加工厂及研发与售后中心等不同产业环节的对外直接投资（Outward Foreign Direct Investment，OFDI），初步实现了海外产业链布局。与此同时，中国乳业的OFDI也引入了大量的国际品牌，雀巢、达能、恒天然、爱氏晨曦等国际知名乳制品企业纷纷进入中国市场，在酸奶、奶酪及婴儿配方奶粉等领域给国内乳业带来了冲击与挑战，但也为中国乳业发展注入了良性竞争机制，促进了国内市场效率与产品质量水平的提升，并进一步推动中国乳业加速转型优化升级。本章主要以中国乳制品企业的OFDI为研究对象，在投资现状、区位选择及对乳业的贸易效应等方面展开研究。

7.1　中国乳制品企业OFDI概况

7.1.1　乳制品企业OFDI规模扩大

总体来看，中国乳制品企业OFDI的总规模呈波动式拓张。从2010年光明乳业收购新莱特51%的股权开始，中国乳制品企业OFDI的规模逐渐扩大，伊利、蒙牛、贝因美等大型乳制品企业纷纷开拓海外市场，从奶源、生产加工、销售等全产业链逐渐推进。见图7-1。从年度投资流量上来看，与2010年相比，2018年中国乳制品企业OFDI规模增长将近4倍。在“一带一路”倡议的带动下，2014年中国乳制品企业对外投资流量第一次达到峰值，乳制品企业对外投资进入高潮期。从2010—2018年乳制品企业总体发展过程来看，中国乳制品企业OFDI的规模呈现波动变化，但从年度存量数据来看，中国乳制品企业OFDI的发展规模放缓。中国乳制品企业从高速发展转型为中高速发展，从速度型转向为质量型，同时，其海外子公司逐渐适应市场环境，稳定运营，逐步向高质量、名品牌的国际化乳制品企业迈进。

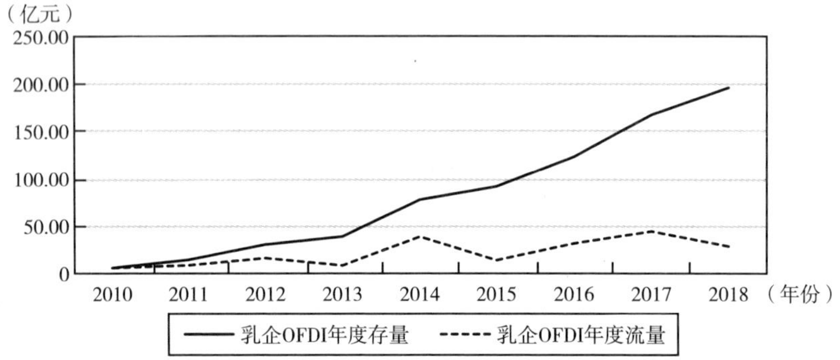

图7-1　2010—2018年中国乳制品企业OFDI规模情况

资料来源：作者根据各企业年报整理。

7.1.2　乳制品企业OFDI的区位选择集中度趋高

中国乳制品OFDI对区位的选择上集中度较高，各个乳制品企业对国家的选择上也具有相似性，大都聚集在澳大利亚、新西兰、爱尔兰、荷兰、德国和美国等乳业发达且自然资源相对丰富的国家。本书选取了澳大利亚、新西兰、爱尔兰和荷兰4个国家，对比分析中国乳制品企业对各国的OFDI的规模。从图7-2中可以看出，乳制品企业对新西兰的投资金额始终高于其他国家，主要投资企业有伊利、光明和蒙牛（包括雅士利），经过几年发展，乳制品企业在新西兰的发展基本处于稳定状态，2017年中新签署《中华人民共和国政府和新西兰政府关于加强“一带一路”倡议合作的安排备忘录》，预期其投资额将会进一步增加；其次为澳大利亚，但与2018年对新西兰的投资金额比对澳大利亚的投资金额高3倍之多，且对澳大利亚的投资额于2015年和2016年呈爆发式增长，企业主要有三元和澳优，其中三元乳业仅开展了对澳大利亚的海外布局；虽然对荷兰的投资额不高，但2010—2018年其投资额处于稳定增长状态，且2017年增加将近一倍的投资量，主要投资企业为澳优；对爱尔兰的投资主要是以贝因美开展进行，其分公司近年来运营稳定。

基于以上分析，可以看出中国乳制品企业对外海外市场的划分明确，从乳制品企业对海外市场区位选择的单一性说明中国乳制品企业OFDI依然处于发展初期，且资源禀赋是海外市场的同质特性。此外，伊利乳业在早期对德国、美国和印度尼西亚进行了小规模的投资，考虑到德国分公司的经营在状况以及负盈利状态，2015年注销德国分公司，2018年收购了泰国最大冰淇淋公司96.46%的股权，开拓东南亚市场。事实上，中国大部分乳制品企业通过在海外注册投资公司进行乳制品加工生产、贸易等业务，其业务范围延伸到丹麦、新西兰、澳大利亚等其他海外市场。

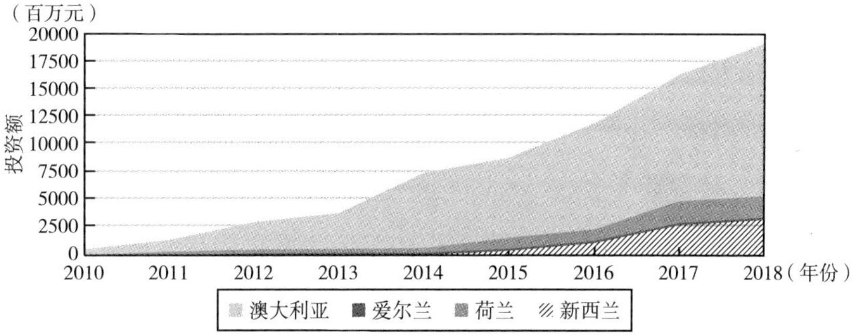

图7-2　2010—2018年中国乳制品企业OFDI区位投资金额情况

资料来源：作者根据各企业年报整理。

7.1.3　乳制品企业面临的投资壁垒

中国对外开放程度逐渐加深，双边的贸易政策、投资环境以及合作方式等也随之改变，中国乳制品企业在境外发展过程中出现“水土不服”现象不可避免，东道国的政治、社会、自然环境等与中国乳制品企业不协调增加投资风险，进而造成经济损失，延缓中国乳制品企业全球奶业布局规划。虽然外资企业进入国内市场会增加本土人民的福利，同时也促进了同行业的竞争，对新技术和技能也相互促进学习，但是政府为保护本土企业，也会出台相应的法律法规限制外企发展，因此中国乳制品企业频频遇到的投资壁垒，如伊利收购美国 Stonyfield 公司失败、光明并购以色列 TNUVA 公司失败等。

7.1.3.1 行业准入壁垒

行业准入壁垒是外资准入壁垒的主要表现形式。为促进本土产业竞争和发展，各国以外国投资形式引进新技术和技能，扩张海外市场，但同时为了保护本土行业发展，各国政府对不同行业设置了相应的政策。在乳业方面，虽然澳大利亚政府未对中方企业设置限定政策，但希望乳制品企业以参股的方式加入，外商投资审查委员会对控股方式花费相对长时间审核，无形中增加了投资成本，同时对收购进度带来了不确定性。另外，澳大利亚部分企业为了保护自身利益，利用当地政府和商界的广泛影响力，对中方投资暗中掣肘或设置障碍。德国没有明确的限制条件和法律法规；美国也保持着中立态度，各联邦政府也不出台针对特定地点、特定行业的优惠政策，但美国相关联邦、州及地方法律法规涉及反垄断、并购、工资和社会保障、环保和健康安全方面等的内容。

7.1.3.2 经营壁垒

乳业经营壁垒主要涉及生产要素使用限制和文化交流壁垒，其中乳业生产要素限制主要从土地资源的限制和劳工准入限制两方面分析。

在土地方面，澳大利亚政府限定购买土地不能贷款，必须资金自有或者拥有合伙人，同时要收取相应的地价税和服务费，虽然外国公民拥有土地所有权，但是在开发期限上具有一定限制。与澳大利亚相比，德国在此方面具有良好的投资环境，德国政府对外资获得土地所有权和使用权以及使用年限均没有特殊规定，与本土企业享受同等待遇。美国只允许出售外资私人土地，但必须记录在案，缴纳足够的税金。

在劳工准入方面，各国政府的规定具有一致性，为了保证本国的公民就业率，所有职位必须确保本国公民不具备相应的符合岗位要求的职能，才可以从外地招聘引进人才或者申请外派来本地工作。其中德国优先考虑欧盟籍劳工就业，对非欧盟国劳工进入德国市场始终保持着排斥的态度；而澳大利亚通常需要雇主在当地市场发布三个月以上的广告无果后才可办理外派来澳的签证，给两国人才交流和企业拓展业务都造成了一定程度的障碍。

7.1.3.3　绿色壁垒

生态可持续发展趋势已在全球展开，而乳业无论是在上游还是中游，在生产过程中对环保的要求具有相对较高的标准，包括养殖过程中粪污处理，生产加工过程中排污系统等，外国的相关法律标准高、执行严，基础设施建设等方面的环境成本相应较高，因此在投资过程中要具有充分的预期。

7.2　乳制品企业 OFDI 区位选择影响因素分析

总结以上分析，中国乳制品企业 OFDI 的总体规模不断扩大，在区位选择上具有聚集度高的特征，奶源选取地集中于具有天然优势的新西兰、澳大利亚、荷兰等奶业发达国家。因此从东道国角度出发，对区位选择上进行实证分析，以进一步探究中国乳制品企业对在不同东道国投资时侧重考虑的因素差异性，发现适合中国乳制品企业发展且具有比较优势的东道国，力求达到中国乳制品企业在区位选择上的多元化发展。

7.2.1　模型构建和指标选取

7.2.1.1　模型构建

在中国“一带一路”倡议不断推进的背景下，中国乳制品企业推进全球化布局，在海外 OFDI 区位选择与投资规模如何受东道国上述因素的影响就显得尤为重要。投资诱发要素理论指出东道国的自然资源丰富直接影响投资国企业的投资行为，良好政治环境也间接地影响企业投资意向，并具有一定积极影响和促进作用。目前大多数学者对投资区位的研究中主要从东道国的制度、经济和资源禀赋（自然资源和战略资源）三方面思考（王金波，2019）。

在制度方面，良好的制度环境可以减少企业投资成本、提高生产效率、降低风险和投资的不确定性，Kang 和 Jiang（2012）也提出了中国在东亚和东南亚的投资时受经济和制度两个因素共同作用，但制度因素更为重要；Buckley（2007）等认为经济自由度较高、制度环境较好的国家对中国企业更加具有吸引力。在经济方面，东道国的发展水平太低和过于贫困会制约对外投资的市场机会，东道国市场规模是影响中国 OFDI 的显著因素（Buckley et al.，2007），王丰龙、司月芳（2019）也认为东道国的 GDP 对中国在“一带一路”沿线国家的投资有着重要作用。在政治方面，紧密的政治关系可以在一定程度上降低企业的投资壁垒，王金波认为（2019）良好的双边政治关系可以激励中国企业对“一带一路”国家进行投资。

基于以上理论分析，提出下列假设条件：

假设 1：中国乳制品企业更加倾向于经济规模较大的东道国。

假设 2：东道国的政治稳定、法制保护程度高对中国乳制品企业 OFDI 规模具有正向作用。

假设 3：“一带一路”倡议对中国乳制品企业 OFDI 具有正向激励和促进作用；

假设 4：中国乳制品企业更加倾向于乳业自然资源丰富的东道国。

基于以上理论假设，构建回归模型如下：

$$FET_{i,t} = \alpha_0 + \beta_i \times FE_{i,t} + \gamma_i \times IS_{i,t} + \theta_i \times Controls_{i,t} + \epsilon_{i,t} \tag{7.1}$$

式（7.1）中，α_0表示常数项，FET 表示中国乳制品企业对外直接投资规模，FE 表示东道国要素禀赋，IS 表示东道国制度环境，$Controls$ 表示一系列控制变量，$\epsilon_{i,t}$表示随机误差项。通过对（7.1）中各变量进行拓展，修正模型为式（7.2）。

$$\ln OFDI = \alpha_0 + \beta_1 NR + \beta_2 TAX + \beta_3 LAW + \beta_4 RES + \beta_5 \ln GDP + \beta_6 PRISK + \beta_7 TL + \beta_8 DIST \tag{7.2}$$

其中各变量代表符号含义见表 7－1，其中 β_i 为待估参数。

7.2.1.2 指标选取

基于 2010—2018 年中国乳制品企业 OFDI 年度国别存量数据，其中由于乳制品企业OFDI数据的全面获取具有较大难度，考虑到研究数据获取的真实可靠性、可操作性以及代表性，所以选取伊利、蒙牛、澳优、光明、圣元及贝因美等六家上市乳制品企业作为代表性企业，以该六家公司的OFDI水平的发展变化趋势来说明中国乳制品企业对外投资的整体情况。结合上述六家公司OFDI的流向，OFDI投资对象根据六家企业投资实践主要选择澳大利亚、爱尔兰、荷兰、新西兰、美国、毛里求斯、德国及印度尼西亚等8国的相关数据。对各变量名称、数据来源以及经济含义解释如表7－1所示。

表7－1　　变量解释及数据来源说明

变量类型	变量及符号	数据来源	经济含义	预期方向
被解释变量	中国乳制品企业对外直接投资年度国别存量（lnOFDI）	上市公司年报、协会及行业数据	中国乳制品企业OFDI的总体规模	无
解释变量	乳业自然资源禀赋（NR，该国牛奶产量）	knoema数据库	乳业自然资源越丰富，更加吸引外资进入本土市场	+
	税收比率（TAX，该国总税收占GDP比率）	世界银行	税收比例越高，说明一国的经济运行质量高，也越能吸引外资	+
	法制保护程度（LAW，该国对产权等法律保护的健全指数）	全球竞争力报告	法制保护程度越高，越吸引外资	+
	外商开放程度（RES，该国对外直接投资流量占GDP比率）	世界银行	外商开放程度越高，越吸引外资	+
控制变量	经济/市场规模（lnGDP，GDP自然对数）	世界银行	一般来说，企业投资更加倾向于市场规模比较大的区域	+
	政治风险（PRISK，该国政治稳定性和无暴力/恐怖主义指数）	全球治理指数数据库	指数越大表明政治风险越低，越能吸引外资	+
	贸易自由化虚拟变量（TL，FTA或“带路”国家为1，否则为0）	研究设定	贸易自由化增加了投资者的积极性	+
	区位固定效应（DIST，欧洲＝0、北美洲＝1、大洋洲＝2、亚洲＝3、非洲＝4）	研究设定	地理区位导致距离与文化差异	+/－

资料来源：作者整理。

7.2.2 影响因素实证分析

7.2.2.1 序列平稳性检验

为了避免出现伪回归现象，从而影响结果的准确性，本书利用 LLC、IPS、ADF－FCS 和 PP－FCS 四种方法对原始序列进行单位根检验，发现四种检验结果 P 值均小于 0.01，在 1% 的置信水平下一致拒绝原假设（如表 7－2），说明原序列平稳，可进一步进行分析。

表 7－2　　原始序列平稳性检验情况

检验种类	T 统计量	P 值
Levin－Lin－Chu	－16.149	0.0000
Im－Pesaran and Shin W－stat	－5.164	0.0000
ADF－Fisher Chi－square	200.752	0.0000
PP－Fisher Chi－square	194.566	0.0000

资料来源：根据 Eviews 8.0 输出结果整理。

7.2.2.2 协整检验

根据单位根检验结果表明，原序列变量之间同阶单整，进而对其进行 Kao 残差协整检验（Kao Residual Cointegration Test），其中将不随时间变化变量剔除，对剔除后序列进行协整检验。由表 7－3 可知，T 统计量为－2.327，P 值为 0.01，在 1% 置信水平下拒接原假设，说明 lnOFDI、lnGDP、PRISK、NR、TAX、RES、LAW 以及 TL 之间存在长期稳定均衡关系，其方程回归残差是平稳的。因此可以在此基础上直接对原方程进行回归。

表 7－3　　序列长期因果关系检验情况

	T 统计量	P 值
ADF	－2.327	0.010
Residual variance	48.833	
HAC variance	13.677	

资料来源：根据 Eviews 8.0 输出结果整理。

7.2.2.3 回归方程结果分析

由于本书是通过研究不同国别对乳制品企业 OFDI 的影响，对于不随时间改变的虚拟变量，固定效应无法估计，因此本书建立混合效应模型。在解释变量的基础上单一逐渐加入控制变量，发现四种回归结果的拟合优度在0.98以上，结果见表7-4。

首先，将DIST、TL、PRISK和lnGDP分别引入模型中，只有DIST这一变量引入后，模型结果显示各个解释变量均在1%的检验水平下显著［回归结果(1)］。东道国的自然禀赋、税收比例、外商开放程度和法制保护程度对乳制品企业OFDI的规模发展起到正向效应，与预期的模型结果一致，说明固定区位效应对中国乳制品企业OFDI的发展具有推进作用。其次，在回归结果（1）的基础上，分别引入PRISK和TL变量，结果显示各个变量均在1%的检验水平下显著，考虑本研究的研究重点，因此选取了TL变量。与结果（1）对比分析发现，贸易自由化弱化了法制保护程度和区位固定效应对乳制品企业OFDI规模的正向影响作用，推动了中国乳制品企业OFDI的发展进程，鼓励了乳制品企业OFDI的积极性，深化中国乳业全球布局。

增加PRISK变量后，贸易自由化对中国乳制品企业OFDI的推进作用增强，但是法制保护程度对其影响力被减弱。可以解释为国家政治稳定可以降低社会暴乱发生率，国家政治、法律法规也相对稳定，因此在对外投资过程中乳制品企业会降低对法制保护程度的要求。同时政治稳定有利于东道国产业有序进行，奶源供给、生产加工、市场秩序等都会在一定程度上可持续发展。政治稳定性和法制保护程度高给乳制品企业带来了更多的信息和保障。在增加经济规模这一变量后，自然禀赋对乳制品企业OFDI的影响显示不显著。税收比率和政治稳定性对乳制品企业OFDI的影响力也略微增强，但法制保护程度的影响力由2.131降低为1.568。东道国的外商开放程度显示在5%的水平下显著。

综合分析，东道国的制度环境和自然环境对乳制品企业OFDI的发展规模具有不同程度的影响。国家对外商的开放程度和法制保护程度越高，越吸引外资注入，国家的税收占国家GDP的比率越高，说明国家经济环境有利于商业经营。国内生产总值越高，说明国家具有一定的市场潜力。贸易自由化加速中国乳制品企业的海外发展。这些因素都对中国乳制品企业OFDI产生正向效应。

表 7－4　　模型回归拟合结果

变量	回归结果（1）	回归结果（2）	回归结果（3）	回归结果（4）
C	－44.639*** （－12.485）	－40.607*** （－10.546）	－39.065*** （－34.696）	－72.173*** （－8.884）
NR	1.011*** （6.856）	0.960*** （6.765）	1.146*** （32.086）	0.202 （1.541）
TAX	0.830*** （27.520）	0.839*** （29.701）	0.791*** （405.016）	1.037*** （24.194）
RES	0.162*** （4.094）	0.133*** （2.877）	0.120*** （10.060）	0.138** （2.225）
LAW	3.588*** （18.852）	3.124*** （15.821）	2.131*** （56.945）	1.568*** （4.632）
DIST	3.273*** （5.406）	2.809*** （4.596）	2.830*** （14.614）	2.883*** （3.900）
TL		0.370*** （3.583）	0.696*** （30.220）	0.565*** （3.468）
PRISK			1.854*** （44.602）	2.024*** （4.075）
LnGDP				1.699*** （6.920）
R^2	0.975	0.981	0.999	0.979
F 统计量	521.991***	559.011***	80106.05***	385.300***

注："***""**"分别表示在 1%、5% 的置信水平拒接原假设，括号中为 t 值。

资料来源：Eviews 8.0 输出结果。

7.3　乳制品企业 OFDI 的贸易效应实证分析

7.3.1　理论框架

投资与贸易的关系一直是国际贸易理论研究的重点领域，随着近年来中国企业对外投资规模不断扩大和国际贸易活动的日益活跃，学者们愈发将研究聚焦于中国企业的对外投资行为对相关行业的贸易竞争力的影响。农业在中国国民经济中处于基础性地位，而乳业又是农业的重要组成部分，并凭借其需求刚性影响着普通消费者的生活。随着全球 OFDI 的兴起，OFDI 与贸易关系的相关理论也得到快速发展，并主要从贸易替代效应和贸易促进效应两个方面展开。替代效应的代表理论有 Mundell（1957）的国际货币资本投资理论、Hymer（1976）的垄断优势理论、Dunning（1981）的这种理论及 Vernon（1996）的产品生命周期理论等。这些理论认为一国的海外直接投资与该国的国际贸易存在此消彼长的替代关系。到 20 世纪 70 年代，逐渐出现了以 Kojima（1978）边际产业扩张理论为代表的贸易促进论，与其持相似观点的还有 Helpman（1985）、Mariam 和 Cecilio（2004）、Chen 和 Zhang（2014）等。

中国学者对于 OFDI 对国际贸易的影响研究起步相对较晚，经历了单一国家模型向地区差异性多国模型再到异质性分类研究的过程，主流观点认为 OFDI 促进了国际贸易（胡昭玲和宋平，2012；张春萍，2012；张宇春和卫士加，2017）。针对中国乳制品行业的对外投资，一般研究认为投资主体是乳制品企业（王涵，2014；仲妮，知识经济），且投资行为对中国乳制品行业既有冲击同时又带来机遇（解坤磊和长青，2014；刘婷婷，2014；赵金明，2016），冲击主要体现在国外价格低廉的奶源与各类乳制品涌入国内市场，挤占了国内乳制品企业的市场份额并带来了投资风险，机遇主要集中在对外直接投资为中国乳业的国际化发展与技术引进带来了机会（张静姝，2017）。但现有研究多基于定性层面开展相关分析，缺乏实证检验与证据支撑，也没有系统说明 OFDI 对乳制品贸易促进的影响机制。因此，本研究基于中国主要乳制品企业 OFDI 的面板数据，定量研究 OFDI 对中国乳业国际贸易的效应。

7.3.2 理论模型与研究假设

OFDI 的动机具有异质性且导致了贸易效应差异（Kojima，1978），大致可以分为资源导向型、创新导向型和市场导向型等（Chen 等，2014），而企业 OFDI 的动机往往是复合的，因此 OFDI 对贸易的总效应是综合性的（李兵，2009）。基于上述文献研究，结合中国乳制品企业 OFDI 的实践活动，本书认为中国乳制品企业的 OFDI 的动机是资源型、创新型与市场型三者的有机结合，但在不同的OFDI发展周期有所侧重。其中，2010年至2014年期间为稳定奶源战略阶段，此阶段的战略定位旨在布局本国市场，主线在于控制国外原料奶来源即“海外寻奶”，所以该阶段的OFDI主要为资源型。第二个阶段为优化升级战略阶段，周期始于2015年并一直持续至今，大型乳制品企业将国际化发展战略定位调整为基于国内市场份额稳定谋求全球化发展，通过战略合作等方式打开本土品牌的国际市场，并将投资重点转向海外研发与技术创新，所以该阶段的OFDI主要为市场型与创新型。根据差异性OFDI目标对于贸易效应的影响，具体机理分析如图7－3所示。

从图中可以看出，中国乳制品企业的OFDI动机对贸易效应的影响具有差异性：资源型OFDI会促进进口贸易；市场型OFDI通过国外市场的开发与国内市场的开放加强了国内外品牌合作与市场的对接，促进相关乳制品的双向流动，但也会加深市场竞争从而产生贸易替代效应；目前中国乳制品企业基于创新动机进行OFDI活动，其影响主要是引入国际前沿技术，促进国内相关产业链环节的生产管理水平与效率提升，从而最终导致国内乳制品行业的国际竞争力增强，增加了出口贸易的机会。

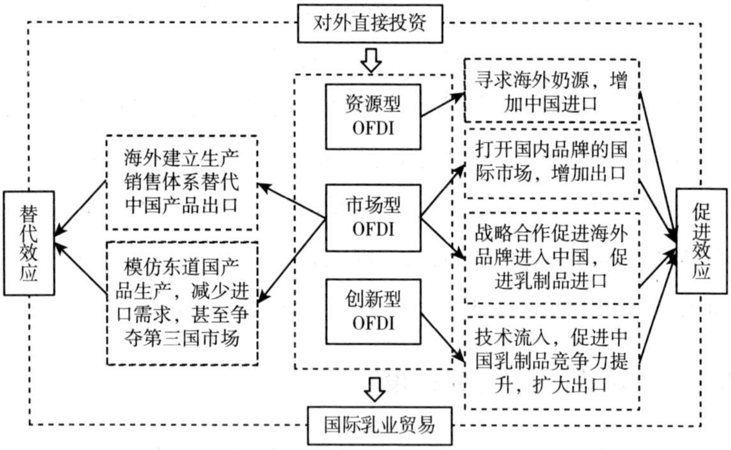

图7－3 中国乳业OFDI动机与贸易效应

由于以上三种动机的OFDI在中国乳制品对外直接投资活动中并行存在，所以其综合影响需要通过实证分析来检验。为实证这种效应，构建模型如下：

$$TRA_{it} = \beta_0 + \beta_{it} \times OFDI_{it} + \theta_{it} \times Controls_{it} + \varepsilon_{it} \tag{7.3}$$

式（7.3）中，β_0表示常数项，TRA_{it}表示中国乳业国别贸易额，$OFDI_{it}$表示中国乳制品企业国别对外直接投资存量（累积量），$Controls_{it}$表示一系列控制变量（见表7-5），β_{it}、θ_{it}分别为自变量与控制变量的偏回归系数，ε_{it}表示随机误差项。

7.3.3　变量选取与数据说明

本节研究数据选取同7.2。考虑到影响双边乳业贸易的因素，选取汇率、贸易关系以及地理距离作为控制变量。其中，贸易关系主要涉及两国为自由贸易区签约国或目前“一带一路”倡议的伙伴国等，根据区域贸易自由化理论，区域贸易自由化的实施有利于双边贸易与经济效率。模型变量的解释与数据来源情况如表7-5所示。

表7-5　　　变量解释及数据来源说明

变量类型	变量名称	变量解释	数据主要来源
被解释变量	TRA_{it}	中国乳及乳制品国别贸易额（$\ln TRA_{it}$）	中国乳业年鉴及FAO数据库
解释变量	$OFDI_{it}$	中国乳制品企业对外直接投资年度国别存量（$\ln OFDI_{it}$）	上市公司年报、协会及行业数据及国家/北京奶牛产业技术体系
控制变量	$Controls_{it}$	汇率（$\ln RER_{it}$，两国之间的实际汇率）、贸易关系（REL是否签订FTA协定或为“一带一路”倡议伙伴国，是=1、否=0），地理距离（$\ln DIS_{it}$，该国与中国的地理贸易距离）	法国CEPII数据库/Google Earth数据库、世界银行数据库

7.3.4　实证结果分析

7.3.4.1　模型设定检验

由于模型涉及2010—2018年8个国家的OFDI情况及相关贸易数据与控制变量，是典型的面板数据，其模型设定包括个体固定效应与随机效应以及时间固定效应与混合效应等不同组合的选取，所以需要对模型的设定形式进行分析。首先检验个体效应，采用Eviews 18.0软件，对面板数据模型在个体固定条件下进行似然比检验，在个体随机条件下进行豪斯曼检验，通过表7-6

检验结果可以表明，检验统计量对应的 P 值均通过了 5% 的显著性水平，表明该模型适合采用个体固定效应进行分析。

表 7 –6　　模型设定检验结果

似然比检验	统计值	自由度	P 值
Cross – section F	327.6353	(7，61)	0.0000
Cross – section Chi – square	101.6878	7	0.0000
豪斯曼检验	χ^2统计值	自由度	P 值
Cross – section random	17.03762	3	0.0003

资料来源：作者计算加工。

其次，对模型是否具有时间的固定效应进行 F 检验。检验的假设如下：

H0：对于不同横截面模型截距项相同（建立混合估计模型）。

H1：对于不同横截面模型的截距项不同（建立时刻固定效应模型）。

检验采用的 F 统计量定义为：

$$F = [(SSEr - SSEu)/(T + k - 2)]/[SSEu/(NT - T - k)]$$

$$= [(77.2 - 39.43)/(9 + 4 - 2)]/[(39.43/(72 - 9 - 4) = 2.0029 \quad (7.4)$$

式（7.4）中，$SSEr$，$SSEu$ 分别表示约束模型（混合估计模型的）和非约束模型（个体固定效应模型的）的残差平方和（Sum squared resid）。T 表示时间序列的时期数，N 表示观测样本数量，k 表示模型中含有解释变量个数。所以不拒绝原假设，即没有证据表明对于不同横截面模型截距项不相同，所以可以建立时刻混合估计模型，既包含时刻固定效应又包含时刻随机效应。由于 F 统计量为 $2.0029 > F_{0.05}(11, 59) = 0.9558$，所以应该选取时刻混合模型。

综上，本书采用个体固定效应、时刻混合效应面板数据模型进行回归分析，说明在不同控制变量影响下，中国乳制品企业 OFDI 与乳业国际贸易之间的量化关系。

7.3.4.2　模型拟合结果分析

（1）中国乳制品企业 OFDI 对乳业国际贸易效应分析。

从表 7 –7 的实证结果可以看出，在模型 1 ~4 中 OFDI 的偏回归系数均为正值且通过 5% 或 1% 的显著性水平检验，表明乳制品企业的 OFDI 行为促进了中国乳业的国际贸易。结合实践经验，从早期以资源型 OFDI 为主的投资活动来看，伊利、蒙牛、澳优、光明、圣元及贝因美等六家上市乳制品企业纷纷在海外建立生鲜乳奶源基地，其根本目标还在于稳定母国市场份额与提升国内市场竞争力，通过奶源基地投资建设主要是将大量的国外优质奶源或初级加工品进口回国内进行加工销售，所以带来了 2013 年、2014 年进口量的猛增期，而这两年也恰恰是乳制品企业 OFDI 的高潮期。从近期以市场型为主的投资活动来看，市场型 OFDI 主要采取海外并购直接获得本土品牌经营控制权的方式获得国外市场进入权，例如光明收购新西兰新莱特、蒙牛并购新西兰雅士利、伊利收购泰国 Chomthana 等，此类投资活动加快了乳制品企业的国际化发展，也促进了相关乳制品的进口。此外，由于中国乳制品企业本身出口量较小，同时东道国进口产品与国内产品具有明显差异性（进口产品主打中高端市场），所以替代出口贸易的影响比较微弱，整体表现为促进贸易量尤其是进口量的增长。创新型的 OFDI 主要以全球技术联合研发与前沿技术引入等方式提升乳制品企业技术装备与研发水平，表现在国内市场控制影响力的进一步提升与国际竞争力的加强，例如伊利建设欧洲研发中心、蒙牛在美国打造乳业硅谷、光明引入美国斯必克公司杀菌技术及超高温保鲜技术等。所以，创新性 OFDI 首先会强化乳制品企业在母国的市场稳定性，并通过技术转化提高产品的质量水平与生产效率，推进出口贸易的发展。近年来中国乳制品在新加坡、缅甸、印度尼西亚等东南亚国家的乳业市场获得了肯定，品牌形象深入海外，一定程度上说明了创新性 OFDI 对于乳制品出口具有贸易促进效应。

(2) 控制变量对乳业国际贸易效应分析。

实际汇率（RER）对乳业国际贸易的影响在模型 2 ~ 模型 4 中均呈正向，且通过了 1% 的显著性检验。这主要是由于汇率通过影响进出口乳制品的价格从而影响进出贸易，当人民币汇率升水，国外乳制品价格相对下降，同时也会对乳制品国际物流成本下浮产生较大影响，从而加强进口贸易促进效应。同时，由于近年来中国乳制品出口占进口比重维持在 2% 以下，并根据近几年人民币汇率总体变动趋势，汇率上升对出口贸易的替代效应在整体贸易中影响不大。

国际贸易关系（REL）涉及 FTA（自由贸易协定）或“一带一路”倡议

的签署，建立自由贸易区可以有效促进成员国之间福利的增加。通过降低关税或增加贸易机会，贸易协定的签订将进一步加大国内外乳制品的双向流动。从模型3~模型4的拟合结果来看，系数均为正且通过1%的显著性检验，与理论相符。同时，该控制变量的进入提升了模型精度与拟合优度，表明了对于乳制品企业OFDI的贸易促进效应也具有积极推动作用。

贸易地理距离（DIS）对乳业贸易的影响主要涉及物流领域。从国际贸易物流成本来看，地理距离越远成本越高，故而阻碍两国贸易的发展。中国与别国进行乳业国际贸易的地理距离直接影响乳业贸易成本即到岸价格，所以该项对国际贸易额具有显著的负向影响。

表7-7　面板数据模型固定效应回归拟合结果

变量	模型1	模型2	模型3	模型4
常数	15.7713 (14.3856)	15.4918 (14.8319)	17.7975 (20.3382)	80.5754 (4.2282)
$\ln OFDI_{it}$	0.0739** (2.3300)	0.0750** (2.4190)	0.0690** (2.1893)	0.1509*** (3.0813)
$\ln RER_{it}$		0.9040*** (3.0751)	3.8405*** (19.7845)	1.6587*** (8.7443)
REL			0.2319*** (5.1024)	3.5916*** (4.4063)
$\ln DIS_{it}$				-17.2284*** (-3.5296)
个体固定效应系数				
_US — C	2.4987	1.1090	8.8615	9.1082
_AU — C	2.0611	0.7957	7.9094	8.1452
_IR- C	0.8162	-0.7551	7.8189	8.1006
_NE — C	1.5915	0.0150	8.8413	9.1225
_NW — C	4.0573	2.9121	9.4913	9.7188
_MA — C	-8.2615	-6.5739	-16.2495	-16.5625
_GE — C	2.4480	0.8789	9.1298	9.4124
_IN — C	-5.2111	1.6183	-35.8027	-37.0452

续表

变量	模型1	模型2	模型3	模型4
个体固定效应系数				
F - statistic	4.7039	6.9438	49.3286	686.6772
Prob（F - statistic）	0.0335	0.0018	0.0000	0.0000
Adjust - R^2	0.1336	0.5739	0.7465	0.9268

注："**"表示通过5%的显著性检验，"***"表示通过1%的显著性检验。

资料来源：采用 Eviews 18.0 软件计算并经过作者整理。

7.3.4.3 模型稳健性检验

为了保证实证结果具有稳健性，在对 OFDI 贸易效应进行面板数据固定效应实证检验的同时，还需要对不考虑固定效应的 OLS（最小二乘法）模型以及个体随机效应模型进行检验（见表 7-8），并以此与表 7-7 回归结果进行对比分析。

表 7-8　　面板数据 OLS 与随机效应回归拟合结果

变量	OLS	个体随机效应
常数	78.6152 (34.1890)	80.5754 (4.0292)
$\ln OFDI_{it}$	0.1486*** (33.3862)	0.1509*** (2.9363)
$\ln RER_{it}$	1.6545*** (92.5290)	1.6587*** (8.3328)
REL	3.4953*** (27.2555)	3.5916*** (4.1989)
$\ln DIS_{it}$	-16.7042*** (-27.4920)	-17.2284*** (-3.3635)
F - statistic	6088.950	49.3286
Prob（F - statistic）	0.0000	0.0000
Adjust - R^2	0.9971	0.7314

注："***"表示通过1%的显著性检验。

资料来源：采用 Eviews 18.0 软件计算并经过作者整理。

通过表 7-8 与表 7-7 的实证结果的对比分析可以发现，OFDI 对乳业国际贸易均呈现显著的正向影响，且影响的偏向和程度差别很小；控制变量实际汇率、国际贸易关系和地理距离对国际贸易效应的影响偏向和显著性水平也基本一致。因此，本书的实证结果具有一定的稳健性。

7.4 本章小结

近年来，中国乳制品企业对外投资活动日益频繁，且投资领域不断扩展。本章在中国乳企 OFDI 的现状特征基础上，以东道国为视角，实证研究了中国乳制品企业 OFDI 区位选择的影响因素，研究发现东道国良好的制度环境、丰富的自然资源对乳制品企业具有很强的吸引力。并且，基于国内六家主要乳制品企业 OFDI 现状，运用面板数据回归模型实证分析乳制品企业的对外投资行为对中国乳业的贸易效应。研究得到主要结论如下：

（1）随着中国乳制品企业"走出去"步伐加快，OFDI 的整体规模不断扩大，2018 年较 2010 年初期投资水平增长了近 4 倍，且主要集中在乳业发达国家。同时，中国乳制品企业的海外并购等 OFDI 活动受行业、经济及绿色等投资壁垒影响也屡遭阻力。可以说，中国乳制品企业的 OFDI 是"逆风前行"。

（2）对中国乳制品企业 OFDI 最为集中的澳大利亚、新西兰、爱尔兰和荷兰 4 个国家建立实证分析模型，其中设定自然资源禀赋、税收比率、法制保护程度、外商开放程度为自变量，经济市场规模、政治风险与区位因素为控制变量，研究乳制品企业 OFDI 的影响因素。通过回归拟合发现，以上自变量与控制变量均对 OFDI 的区位选择有显著正向影响。其中，特别值得注意的是"一带一路"倡议对中国 OFDI 有显著促进作用，说明贸易自由化对中国乳业国际化进程有积极影响。

（3）通过实证分析证明，伊利、蒙牛、澳优、光明、圣元及贝因美等 6 家上市乳制品企业 OFDI 对乳业贸易既有促进也有替代，而两种效应综合的结果主要是贸易促进，该效应的发挥体现在进口与出口的双向促进。除 OFDI 外，实际汇率、国际贸易关系与贸易地理距离影响着 OFDI 对乳业贸易的影响过程：由于中国乳业出口较少，所以实际汇率变动对出口贸易的替代效应影响不大；国际贸易关系优化即自由贸易的发展对贸易促进效应具有正面作用；贸易地理距离将削弱 OFDI 对国际贸易的促进效应的发挥。

第八章 中国乳业国际化与产业结构升级实证分析

——基于企业 OFDI 视角

自 2010 年以来，为进一步提高奶源质量水平、控制进口奶源成本、提升加工技术实力与品牌竞争力，中国乳制品企业开始向欧洲、澳大利亚、新西兰等地区开展直接投资（OFDI）活动，并在 2013 年、2014 年前后达到了阶段性的投资高潮。在中国乳制品企业面向海外快速发展的浪潮中，光明、澳优、伊利、蒙牛、圣元及贝因美等六家乳制品企业走在了产业国际化的前列。这些企业的国际化步伐也代表了中国乳制品企业乃至中国乳业国际化进程中的发展轨迹：早期的 OFDI 主要涉及奶源领域，优质的国外奶源能够保障原料奶供应链的稳定，同时成为国内市场竞争的宣传点，以满足不同消费者的消费偏好；而近年来，中国乳制品企业的 OFDI 开始进入了优化升级阶段，投资重点由单一的奶源基地建设转向新产品研发与前沿技术创新，投资目标也转变为提升国内品牌国际知名度以及为企业国际化发展铺设道路。

然而，在中国乳制品企业加快海外发展步伐、加大对外投资的资金力度同时，国内乳业行业内部也出现了不同的声音，包括不少学者和行业人士提出了这样的担忧，中国乳制品企业将投资重点由国内产业链相关环节转向海外，是否会进一步压缩对中国乳业尤其是养殖加工环节的资金投入，从而导致国内养殖加工业后续发展乏力、国内原料奶需求量受限而导致奶农受损等，以至于影响国内乳业的整体发展？另外，中国乳制品企业海外投资的过程中，进一步加深了乳业国际贸易的双向流动，大量海外品牌进入国内市场，这又是否会加剧国内乳业市场竞争，从长远来看是否会挤占国内乳制品企业市场空间，而不利于国内乳制品企业的发展呢？对于这些问题的回答与验证需要从中国乳业产业发展角度来进行整体分析。本章基于第七章中的中国乳制品企业OFDI现状，实证分析乳制品企业OFDI与国内乳业产业结构升级之间的相互关系，判断OFDI行为对中国乳业发展的长期作用与影响。

8.1 相关研究基础

对外直接投资理论兴起于20世纪60年代，随着主要西方各国跨国投资的快速发展，经济学家们开始更多关注于OFDI相关理论。这其中最具有代表性是Hymer（1976）提出的垄断优势理论，该理论奠定了跨国FDI的理论基础，并强调企业是进行FDI的主体。Kindleberger（1969）在不完全竞争市场背景下，从微观企业视角分析了企业进行FDI的动因。Knickerbocker（1973）在研究寡头市场企业间海外市场直接投资的跟随现象，提出了寡占反应理论，该理论认为OFDI存在防御性动因，是对之前将FDI看作进攻性投资的理论框架进行了补充。内部化理论由Buckley和Casson（1976）在研究跨国公司中间产品存在市场缺陷中提出的，该理论认为内部化可以节约外部交易成本，从而推动了跨国经营的产生与发展。Dunning（1981）的国际生产折中理论是垄断优势理论以来的集大成者，该理论提出跨国公司进行FDI必须具备三大优势，即所有权优势（Ownership）、内部化优势（Internalization）及区位优势（Location）。

20世纪80年代，发展中国家开始对OFDI展开相关研究。Wells（1983）提出降低生产成本是发展中国家对外投资的主要动因，并进而提出小规模技术理论，该理论认为发展中国家针对小型市场具有生产技术的比较优势。Gerchenkron（1962）创立的后发优势理论解释了发展中国家特有的技术学习特征，通过OFDI可以学习先进国家的技术，从而解释了发展中国家对发达国家进行投资的现象。国内学者也在改革开放后尤其是近20年来开展了大量的OFDI研究。这些研究主要从两个方面展开，包括宏观产业分工及产业链、价值链角度阐释了中国企业参与全球产业内分工的需要是导致企业纷纷进行OF-DI的动因，如张二震（2005）、曹明福和李树民（2006）、方勇等（2012）；

OFDI 的区位选择角度主要从制度及非制度因素两个方面说明了中国企业 OFDI 的目标国的选择问题，如王霞（2014）、刘敏等（2016）、杨娇辉等（2017）。

由于发展中国家有更多机会参与到全球经济的发展浪潮中，学者们开始关注发展中国家 OFDI 与国内产业升级之间的联系，如 Dowling 和 Cheang（2000）、Liang 和 Bing（2010、Cozza 等（2015）。国内学者潘颖和刘辉煌（2010）、贾妮莎（2014）、卜伟和易倩（2015）、程贵等（2017）研究认为通过 OFDI 对推动国内产业升级发挥积极作用并具有长期影响。

综上，现有研究成果已经构建了研究企业 OFDI（或 FDI）与产业升级效应的研究理论框架与方法体系，但研究多基于宏观层面的质性研究，而针对中国农业产业尤其是具体到乳业等细分产业的量化效果研究相对缺乏，导致理论体系与中国的产业实践结合不足。本书基于 2010—2018 年中国乳业企业对外投资数据，分析中国主要乳制品企业对外投资行为对国内乳业产业的升级效应。

8.2　理论模型与变量选取

8.2.1　GLM 模型构建

钱纳里（1975）构建了国际贸易过程中对国内产业影响的量化评价体系，该体系假定处于国际贸易中的国家间资本、自由流动。并基于对 101 个国家约 20 年的统计数据进行统计分析，提出了著名的“标准结构”模型，通过该模型能够较为清晰地解释各国经济增长过程中产业结构变动及其来源。其研究是对配第—克拉克定理及库兹涅茨研究成果的再次验证，说明而来经济发展、收入水平提高会促进工业和服务业产值比重和就业比重呈上升趋势。也就是说，经济发展是经济结构优化的表现，而经济结构优化的基础就是产业结构的升级。该模型的基本形式为：

$$Y = \beta_0 + \beta_1 G + \beta_2 (G)^2 + \beta_3 N + \beta_4 (N)^2 + \varepsilon F + \sum \delta_i T_i \quad (8.1)$$

具体来说，该模型（8.1）中被解释变量被认为是某一发生变动的经济产业结构 Y，解释变量包括国内生产总值 G、人口数量 N、生产要素流动 F 及时间趋势 T_i 等。同时，该模型还在回归方程中加入了国内生产总值 G、人口数量 N 两项的二次项，用来反映在产业升级发展过程中收入水平和人口数量的“U”型或倒“U”型影响，而这种影响在产业发展过程中体现了往复性的特点，也使得模型更加完备。根据该模型的基本假定，本书中主要考虑中国乳制品企业对外投资部分对国内乳业发展的影响，故将 OFDI 变量纳入计量模型来代表定向的资本流动。根据原模型可以看出，产业升级指标与其他解释变量之间的关系是线性的。由于乳业产业结构升级指标 IU_t 无法满足正态分布假定，且解释变量较多，所以建立广义线性模型（GLM）。该模型是由 Nelder 和 Wedderburn 于 1972 年提出，将一般线性模型解释变量需要满足正态分布这一假定放宽到可以服从指数分布族的任意一种分布。同时，自变量的线性组合通过一个连接函数来解释因变量的函数值而非均值。根据上述定义，设定乳业产业结构升级模型构建为：

$$\ln IU_t = \alpha + \beta_1 \ln OFDI_t + \beta_2 \ln DGO_t + \beta_3 \ln (DGO_t)^2 + \beta_4 \ln LAB_t + \beta_5 \ln (LAB_t)^2 + \varepsilon_t \quad (8.2)$$

上式 8.2 中 $\ln IU_t$ 为乳业产业结构升级指标，$\ln OFDI_t$ 为乳制品企业 OFDI 年度存量的对数；$\ln DGO_t$ 为年度乳制品产业工业产值的对数用以代替原模型中总产值的影响；由于中国乳业全产业链的劳动力投入数据目前没有权威发布，又考虑到乳业产业链中各环节劳动力投入的实际情况，所以 $\ln LAB_t$ 劳动力投入采用规模以上牛场劳动力投入的对数来代替。此外，由于中国乳制品企业 OFDI 开展时间较晚，基本从 2010 年开始才有公开数据，考虑到研究时间跨度较短，所以不考虑原模型设定中的时间趋势变量。ε_t 表示随机误差项。

8.2.2 数据说明与变量选取

本书选取数据时间范围为 2010—2018 年，其中乳制品企业 OFDI 数据的全面获取具有较大难度，考虑到研究数据获取的真实可靠性、可操作性以及代表性，所以选取伊利、蒙牛、澳优、光明、圣元及贝因美等六家上市乳制品企业作为代表性企业，以该六家公司的 OFDI 水平的发展变化趋势来说明中国乳制品企业对外投资的整体情况。

在模型 8.2 中中国乳业结构升级指标 IU_t 主要借鉴周昌林和魏建良（2007）的产业水平衡量指标的计算方法，即：

$$IU_t = L_t \times P_t \tag{8.3}$$

式 8.3 中 L_t 表示乳业产业部门的平均劳动生产率，用部门总产值与相应的从业人员数量之比表示（研究采用乳业总产值与规模养殖劳动力投入数量之比替代），P_t 表示乳业产业部门在国民经济中的地位，用乳业产业部门总产值与食品制造业产业之比表示。

其中，乳制品企业 OFDI 年度存量对数指标 $\ln OFDI_t$ 数据主要来六家上市公司年报、并结合中国奶业协会行业情报数据及北京市奶牛产业技术体系数据进行核定调整。年度乳制品产业工业产值的对数 $\ln DGO_t$ 以规模以上乳制品企业主营业务收入的对数替代，劳动力投入的对数 $\ln LAB_t$ 以规模以上牛场劳动力投入的用工折价对数替代，以上数据均来自各年度《中国奶业统计摘要》。所有金额数据均进行了 CPI 指数平减。

8.3　实证分析结果

8.3.1　GLM 模型回归结果

在进行 GLM 回归拟合计算中，选择 family 函数为 normal 分布族，link 函数选择 Indentity 函数，在 0.05 的置信水平下，解释变量系数对应的 P 值都小于 0.05，故认为各解释变量是显著的，可以得到回归方程为：

$$\begin{aligned}\ln IU_t = & -475.0452 + 0.2114\ln OFDI_t + 100.8634\ln DGO_t \\ & -6.3972\ln(DGO_t)^2 + 24.6684\ln LAB_t - 1.9735\ln(LAB_t)^2\end{aligned} \tag{8.4}$$

根据模型拟合结果（见表 8 - 1），对各解释变量偏回归系数的经济学含义分析如下：

表 8 - 1　　GLM 模型输出结果

变量	偏回归系数	标准误差	Z 统计量	P 值
常数	-475.0352	123.5003	-3.8464	0.0001
lnOFDI	0.2114	0.0501	4.2162	0.0000
lnDGT	100.8634	32.3007	3.1226	0.0018
lnDGT^2	-6.3972	2.05482	-3.1133	0.0019
lnLAB	24.6684	9.14014	2.6989	0.0070
lnLAB^2	-1.9735	0.7912	-2.4941	0.0126

资料来源：作者计算整理。

（1）乳制品企业 OFDI 年度存量与乳业产业升级有显著的正向关联变动关系，表明乳制品企业 OFDI 确实会对国内乳业产业水平的提升产生推动作用。从六家上市乳制品企业实践经验来看，通过 OFDI，乳制品企业稳定了海外奶源供给，降低了成本风险，丰富了奶源结构，提升了国内市场乳制品的总体奶源品质。并且，通过合资、研发合作、战略联盟等多种投资合作模式，这些乳制品企业参与到国际乳业加工管理的先进技术的开发与共享，从而有助于提升国内产业发展的技术水平与国际竞争力，尤其是对于产业资本与劳动生产率的提升，直接促进了乳业产业结构的升级优化。同时，部分乳制品企业通过海外直接投资，逐步打开了海外市场，树立了一定的品牌知名度，这也促进了国内加工与品牌建设能力的进一步提升。另外，随着乳制品企业海外生产基地、大规模牧场的建立，也将更为先进的养殖技术标准和专项技术传入国内，从而促进了国内奶牛养殖技术和行业标准的优化升级。

（2）年度乳制品产业工业产值的提升显著促进了乳业产业结构升级，且该项的偏回归系数最大，表明在当前国内乳业产业升级的过程中，乳制品工业产值提升的影响是最为突出的。这与实际经济情况相符合，产业产值的增加可以加强产业生产经营资本和核心技术资本的积累，从而有助于产业结构合理化和高度化进程的推进。同时，乳制品工业产值在食品工业产业中地位的提升，也揭示出乳业全产业链各环节的质性发展，乳业工业现代化水平的提高。其二次项系数为负且显著，说明乳制品产业工业产值与乳业产业结构升级之间呈倒“U”型变动趋势，即仅依靠乳制品工业总产值增加对产业结构升级的影响效果在逐步减弱，体现了规模报酬递减规律。这一现象的表明随着乳业实物资本的不断积累，乳业结构发展变动中基于资本要素贡献的部门与其他食品行业间的差距会逐渐消失，用以衡量乳业产业结构缺陷的资本化标准不再符合行业的发展规律，需要建立更高层次的乳业产业结构升级的质态标准。

(3) 乳业（规模以上牛场）劳动力投入也与乳业产业结构升级有显著的正向相关关系。从实际情况来看，奶牛养殖业的规模化发展无疑是促进乳业产业转型优化、产业产能提升的重要过程，同时随着乳业产业结构的提升，也会推动产业资本与劳动力进一步向规模化养殖模式集中，形成相互推动发展的螺旋式上升关系。另外，其二次项系数通过显著性检验并为负值，所以乳业劳动力投入与乳业产业结构升级之间也呈现倒“U”型变动关系，即单纯依靠劳动力要素投入，对于乳业产业结构升级的边际增加效果减弱。这主要是由于随着规模化养殖进程的初级发展阶段，劳动生产率的提升速度与工业化产生相比具有一定滞后性，所以劳动力数量变化对产业结构升级具有明显影响。随着产业资本深入、广度提升，技术积累不断沉淀，乳业劳动升高产率的加速增长，与其他工业差距开始缩小，直到超过平均增长水平。在这个过程当中劳动力数量的影响效果削弱，而劳动生产率增长的影响逐渐显现，所以劳动力投入绝对数量的作用呈现从规模报酬递增到规模报酬递减的转变。

8.3.2 稳健性检验

为防止出现模型设定形式的误差，采用拉姆齐的回归设定误差检验（RESET 检验）方法，对 GLM 模型进行检验。该检验的原假设为模型的设定形式不存在误差，备择假设为模型设定存在误差。根据表 8－2 检验结果，在 0.05 临界值水平上，F 统计量取值为 5.1191，伴随概率值为 0.2983，不能拒绝原假设，即表明 GLM 模型设定形式是具有合理性。

表 8-2　RESET 检验结果

统计量	统计值	自由度	P 值
F 统计量	5.1191	(2, 1)	0.2983
似然比	5.2958	2	0.0708

资料来源：采用 Eviews 8.0 计算结果。

8.3.3 回归系数显著性检验

由于研究模型是无约束模型，所以进一步对回归模型系数进行 Wald 检验，以对回归系数的限制条件进行检验。根据原模型的研究需要，设定限制条件为：$\beta_1 = \beta_2 = \beta_3 = \beta_4 = \beta_5 = 0$。根据表 8-3 检验结果，F 统计量为 20.1176，p 值为 0.0163，在 0.05 临界值水平下，显著拒绝原假设，及 $\beta_1 = \beta_2 = \beta_3 = \beta_4 = \beta_5 = 0$ 的假设不成立。因此，原模型回归系数值是显可靠的。

表 8-3　回归系数的 Wald 检验结果

统计量	统计值	自由度	P 值
F 统计量	20.1176	(5, 3)	0.0163
卡方统计量	40.8630	5	0.0000

资料来源：采用 Eviews 8.0 计算结果。

综上所述，根据钱纳里产业结构升级模型对中国乳业产业结构升级与中国乳制品企业对外直接投资 OFDI、乳制品工业产值与劳动力投入进行分析，从实证结果来看，三者对乳业产业结构升级均有显著的推动作用，但后两者的影响效果在逐渐减弱。但随着乳业产业结构调整进程的进一步加深，乳业工业产值比重趋于稳步发展，且乳业优化转型升级对劳动力依赖程度降低，都会使得倒“U”型变化逐渐消失，更多地呈现出线性变化趋势。

8.4 本章小结

总结近 10 年来的中国乳制品企业海内外发展经验，可以发现中国知名乳制品企业的品牌建设与经营发展都与国际交流与合作密不可分。现阶段随着 FTA 签署与“一带一路”倡议等自由贸易程度深化以及《关于推进奶业振兴保障乳品质量安全的意见》等产业政策方案的进一步推进，中国乳制品企业在国际乳业分工与合作中的参与度与影响力都会得到进一步提升。本章基于时序数据分析了中国乳制品企业海外 OFDI 及乳制品产业工作产值与劳动力投入对国内乳业结构升级的作用，实证结果表明三者均对乳业结构升级有显著正向影响，这也就说明中国乳制品企业的海外投资行为从长期来看是有利于国内乳业发展的，并且这种影响还会随着中国乳业产值与劳动力投入水平趋于稳定而进一步凸显。实证研究的主要结论为：

（1）通过 GLM 模型回归拟合，乳制品企业 OFDI 有效促进了乳业结构升级，且该过程受到乳业工业产值、劳动力投入的正向影响。通过二次项系数为负可以判断，乳业工业产值与劳动力投入对乳业结构升级的促进作用在逐渐削弱，这主要是由于边际报酬递减规律的作用，同时也体现了传统内向型产业发展模式已不能有效改善产业结构。从而更加验证了通过 OFDI 等外向型发展路径才能为中国乳业的转型升级给予持续支撑。

（2）根据 GLM 模型结果并结合 7.3 节的实证分析对本章开篇所设问题给予了正面回答：虽然根据第四、五章相关研究发现贸易自由化下的乳业国际化发展对中国乳业带来冲击与影响，但是，根据本书的理论框架与乳制品企业 OFDI 的贸易效应与对乳业结构升级的实证分析，可以肯定是从长期来看国际化对乳业发展是利大于弊。在乳业经历了国际化初级的阵痛后，随着比较优势的动态调整和国际直接投资优势的逐渐显现，以及区域经济一体化带来市场融合后的整体社会福利提升，中国乳业把握国内、面向世界的发展新阶段将全面展开。

第九章　主要研究结论与政策启示

9.1　主要研究结论

9.1.1　世界乳业自由贸易规模不断扩大，竞争优势与市场结构趋于集中，中国乳业国际竞争力还有待提升

（1）从世界乳制品贸易来看，1998—2017 年，世界乳业进口额、出口额的年均增长率均保持 6.4% 以上，发展势头良好且呈现线性增长趋势。在乳制品贸易中，干乳制品为主要交易品种，其中乳酪又是干乳制品贸易中的核心产品，其交易量占乳制品总贸易量比重保持在 4 成左右，其次是奶粉，交易量约占 2 成；世界主要乳制品贸易市场集中在新西兰、德国、法国、荷兰四国，约占世界贸易量的一半，其中新西兰是中国最主要的进口来源国，进口量占比超过 50%；从中国乳制品贸易来看，2008 年以来进口量快速上涨，年均涨幅在 22% 以上，与此同时出口下降明显，2017 年出口量为 3.3 万吨，仅相当于 2008 年的 1/4，处于净进口国地位。

（2）根据国际市场占有率指数、显示性比较优势指数与贸易特化指数的测算，结果表明新西兰、德国、荷兰和法国排名世界乳业强国前列，而与这些国家相比，中国乳业竞争力水平差距明显。究其原因，主要是由于中国乳制品生产成本高而效率低，乳制品消费市场需求还有待提升、对国产产品的信心有待进一步恢复，饲料等配套产业支撑力度不足，产业组织形式对奶农积极性调动不够、养殖业规模化发展水平低、产业支撑政策体系还需加快

完善。

9.1.2　贸易自由化给中国乳业贸易发展带来了机遇与挑战，挑战主要集中在养殖与加工领域，机遇则是新市场的开拓与产业的全面发展契机

（1）从贸易自由化进程带来的现实影响来看，中新、中澳 FTA 的签署为两国原料乳及乳制品对中出口的快速增长带来机会，且这种增长具有持续性；其中，新西兰乳及乳制品进口对中国市场的冲击最为强烈，且主要集中在奶粉领域；两国进口冲击对国内奶牛养殖业与乳制品加工企业在个别年份切实造成了一定损害，但随着相关产业的后发优势不断发挥（养殖业规模化、标准化、集约化发展，乳制品加工业研发创新与质量控制能力的提升），近年来冲击效应有所缓解，并且冲击将促进产业的加速发展；结合当前“一带一路”倡议下中国乳业国际化发展的新趋势，乳业贸易新格局的形成与贸易条件的不断改善，中国与“带路”沿线国家的贸易潜力将不断发挥，从而为中国乳业贸易开发新市场，带来更多的出口机会，同时丰富进口来源。

（2）从贸易自由化进程带来的预期效应来看，随着关税进一步的减免、技术性贸易壁垒的削弱与运输技术的提升，国内市场与国际进一步融合；在中国乳业竞争力未能明显提升的前提下，进口冲击可能将进一步凸显，对国内原料奶生产与乳制品加工带来减产风险；但同时，贸易自由化也会为 FTA 内部带来社会福利与 GDP 提升的积极影响；并且，随着中国乳业国际化中“走出去”水平的不断提升与新市场的开拓，贸易自由化带来的预期负面效应有可能被消解。

9.1.3　中国乳业国际化是应对贸易自由化的必然选择，也符合产业内部发展规律，更是推动乳业转型升级的根本路径

（1）随着乳制品企业海外产业链布局的初步形成，中国乳业国际化发展具备了产业基础，也符合产业发展科学规律；乳业国际化发展主要基于贸易自由化背景下产业内部发展动力，并经历了稳定奶源战略阶段、正处于优化升级战略阶段、将走向品牌开拓战略阶段；目前乳业国际化的载体是乳制品

企业的 OFDI 活动，而乳制品企业主要采取收购、合资、独资及战略合作等主要模式；融资政策不匹配、企业国际竞争力不足、海外资产经营管理风险与国际化人才匮乏是影响乳制品企业国际化发展的主要障碍。

（2）中国乳制品企业 OFDI 的现状为规模不断扩大、区位分布集中在乳业发达国家，并面临行业准入壁垒、经营壁垒及绿色壁垒等问题；在区位选择方面，主要受乳业自然资源禀赋、税收比率、发展保护程度及开放程度等因素影响，并受到经济市场规模、政治风险、贸易自由化、地理距离等因素限制，从而造成了当前乳制品企业的 OFDI 活动主要集中在澳大利亚、爱尔兰、荷兰、新西兰、美国、毛里求斯、德国及印度尼西亚等八国；乳制品企业 OFDI 对乳业贸易具有贸易替代与贸易促进双重效应，但根据模型实证分析结果，综合效果主要是贸易促进效应，且该效应的发展受到实际汇率、贸易自由化的正向影响，受到贸易地理距离的负向影响。

（3）基于钱纳里国际贸易对国内产业影响的量化评价理论研究框架，构建了中国乳制品企业的 OFDI 对乳业结构升级的 GLM 模型，实证分析了乳业国际化对产业结构优化升级的影响；模型结果证明 OFDI 促进乳业产业结构升级，且乳业产业结构升级同时受到乳业工业产值与劳动力投入的正向影响，但这种影响逐渐削弱，表明依靠资本与劳动力等要素投入的传统发展路径已不能满足产业结构升级的需要；在不断提升乳业工业产值与劳动力投入量、质水平的基础上，依靠国际化发展才是中国乳业结构优化升级的根本出路。

9.2 政策启示

9.2.1 加强对外经贸合作，充分利用“一带一路”发展机遇，积极构建乳业贸易新格局

（1）推进与“一带一路”沿线国家的贸易深层合作。在进口方面，可以与波兰和白俄罗斯加强双边贸易，调整中国的主要贸易进口国结构，这是因为这 2 个国家自然资源丰富，奶源优质，可满足中国市场需求，扩展进口产品种类。在出口方面，可以向马来西亚、新加坡、缅甸和越南等国家继续出

口乳制品。据测算，2015—2017 年，中国向越南和马来西亚出口乳制品的贸易潜力逐渐扩大，可以签订贸易协定，制定双边贸易优惠政策，完善交通设施，增加中国与越南、马来西亚的贸易便利度。

（2）借鉴欧洲议会经验，实施“一国一策”措施。根据引力模型实证分析结果，中国与沿线国家间进行进口贸易和出口贸易的因子影响程度不同。在进口贸易中，两国不适用签订贸易协定，出口贸易反之。因此可以借鉴欧洲议会中提到“一国一策”方案，对从中国进口乳制品的国家签订贸易协定，如阿联酋、缅甸等，进一步开发两国之间乳业贸易潜力。对贸易国进行定向选择，选取经济发展稳定、金融状况良好的国家，不仅要增加两国之间经济贸易强度，还要深入进行政治、文化交流，进行多方协同发展，通过同化需求来推动乳业贸易。

（3）整合国外资源，实现产业升级。在乳制品企业逐渐实现国际化的背景下，结合“一带一路”倡议设想，利用国外资源，带动中国乳业成长，通过资源与产能相融合，中国乳制品企业可以借此机会在波兰、白俄罗斯、捷克、斯洛伐克等国家投资建厂，开展深加工，充分利用国外的自然资源，收购优质奶源，用上游产业链带动中下游产业发展，真正实现产业升级，提升中国乳业的国际竞争力。

9.2.2　加大乳制品行业政策扶持力度，不断提高产业标准化与监管体系建设，完善政府与相关管理部门的政策支持体系

（1）拓宽中国乳制品企业的融资渠道，完善政策扶持配套措施。国家相关主管部门应积极针对中国乳制品企业“走出去”建立相应的激励机制与配套扶持政策体系。尤其是针对乳制品企业融资难等问题，应开展深入调研，逐步出台并完善相应的鼓励海外投资的国家支撑项目等。另外，在各地方政府响应“一带一路”倡议开展国际政治商务类活动时，为中国乳制品企业进行品牌宣传与合作机会洽谈，并积极带领本地乳制品企业参与到“一带一路”倡议下的各类跨国商务活动中。

（2）促进行业标准的完善与提高，加强国内食品行业的监管。总体而言，中国乳制品企业“走出去”对于中国乳业的发展是利大于弊，但对于国内奶

牛养殖业的冲击也不能忽视。中国乳业大规模开展估计奶源基地的建设，必然会影响对于国内原料奶收购价格的调整，进一步压缩国内奶牛养殖行业利润空间。在目前国际奶源不断涌入中国的背景下，政府相关部门应加快制定生鲜乳标准，彻底禁止使用还原乳，对于国外进口奶粉、大包粉等乳制品实行分类进口限制，即对于冲击小的品类可以自由贸易，但对于影响国内原料乳价格较为明显的大包粉等应实行一定的进口配额。另外，要进一步加强国内视频行业的监督与管理，减少食品安全事件的发生，重振国内消费者信心，为中国乳制品企业的发展培育良好的市场环境。

9.2.3 推动乳制品企业国际化发展，积极开拓新市场与培养国际化管理团队，从技术引进到技术引领

（1）积极响应“一带一路”发展契机，开拓新的国际市场。“一带一路”倡议助力中国经济转型升级，也为中国乳业“走出去”带来了新的历史机遇。不仅有助于中国乳制品企业在中东、中欧等地建立新的奶源基地，也有助于开拓东南亚等新兴市场，加速中国乳业国际贸易新格局的形成。在这一方面，伊利、蒙牛、澳优等不少大型乳制品企业积极响应倡议，并已经获得了初步探索的宝贵经验。伊利在新西兰的大西洋基地二期启动、蒙牛与白俄罗斯乳品企业签订经贸合作框架、澳优加快拓展越南、马来西亚市场等。此外，随着在“一带一路”倡议下“走出去”的中国企业数量越来越多并且行业更加多元化，中国乳制品企业与其他中国企业要积极展开“抱团发展”的新局面，协同推广、相互扶持，提升海外东道国政府及市场对中国企业的整体认可度和信任度，优化中国乳制品企业“走出去”的氛围。

（2）提升国内生产技术水平，打造智慧型乳业。全球实体经济已经进入智能化生产发展阶段，中国乳制品企业也要加快技术创新研发与推广，积极推进智能化水平。中国乳制品企业虽然已经通过“走出去”实现了与国外先进技术的对接，但是仅提升国外生产加工基地的技术装备水平还不能够真正提升中国乳制品企业的智能化水平，必须加快推进国内奶源基地与加工厂的智能化，打造智慧型乳制品企业，才能从根本上提升中国乳业的生产效率。更要进一步加强技术自主创新研发能力，摆脱国外大型乳品企业的技术垄断，

真正提升中国乳制品企业的核心竞争力。同时，随着国内乳业生产加工水平的不断提升，不但能有效降低国内乳制品生产成本与提升乳制品质量，还有利于促进国内市场信心的进一步恢复，推动国内乳制品市场的健康发展。

（3）加强国际化人才引进，培育跨国管理团队。中国乳制品企业需进一步加强海外跨国企业国际化管理人才的引进，尤其是具有并购经验和行业及市场专业知识的高端管理人才及团队，才能在海外投资尤其是在并购环节中更好地锁定合适的并购目标、对接国外目标企业并选择最佳并购时机与交易架构。更为重要的是，中国乳制品企业的“走出去”是一个长期的过程，如何解决“重并购、轻整合”这一中国企业海外发展中普遍存在的问题，形成完整的海外投资战略定位，对海外经营中的风险进行全面的揭示与制定有效的应对方案，能够很好地对接海外市场与经营管理团队，这些还需要通过国内大型企业长期培养国际化人才资源，通过市场优化人员配置、人才聘用等促进中国乳制品企业国际化人才队伍的快速建立。

9.2.4 优化乳制品企业海外投资结构，降低投资风险，促进品牌的本土化发展

（1）企业要加重投资前期立项考察，不断优化投资结构。投资前要考察东道国环境，优化投资市场结构。乳制品企业在选择投资市场时，要考察东道国的政治环境、税收水平、法制保护程度、政府对待外资的接受度等，关注东道国对外资和本土企业的法制差异性，优化投资市场结构，建立完善的海外投资体系，避免单一市场带来的壁垒，布局全球奶源市场，占领先决市场的优势地位。

（2）对外直接投资要加强管理，进一步降低投资风险。企业要强化内部管理制度，进而降低投资风险，无论乳制品企业选择的东道国的政治环境、经济环境、社会环境等适应乳制品企业 OFDI 的发展，乳制品企业在海外投资过程中都会发生不可预估的风险，因此要增强风险防范意识，加强企业内部管理制度，维护工作秩序，提高工作效率，增强企业盈利能力，这不仅仅体现在企业对人员的管理，更要注重资金的分配情况，善于总结前人的经营经验，从内部降低投资风险，实现境外的持续发展。

（3）企业自身要注重新品研究，促进品牌海外市场的本土化发展。调整企业产品结构，加快企业本土化。乳制品企业本土化要求在产品生产中注重其口味和营养，来迎合本国居民的爱好以满足市场需求，减少文化差异导致的排斥现象。同时，在企业管理方面也要本土化，大部分东道国政府为了保证本国就业率，因此雇佣的员工大部分为当地居民，因此外聘人员要尊重当地居民的工作习惯以及环境以及采用恰当的交流方式。

9.2.5 继续加强国内乳制品市场的对外开放水平，适度引入国际市场竞争，保持汇率稳定，推进国际物流体系建设

（1）加强乳业国际化深度，推动国际市场开发。基于当前中国乳业国际贸易现状与本研究实证分析结果，中国乳制品企业 OFDI 贸易促进效应实现的源泉主要是来自中国乳制品进口量的快速提升。固然，国际优质乳制品进入国内市场，一方面有利于国内市场的良性市场竞争环境的塑造以促进国内乳制品企业提升生产经营效率与水平；另一方面也满足了消费者乳制品多样化、多元化的消费需求，提升了消费者福利；此外，还促进了国内乳制品市场趋于成熟。但是，从中国乳业本身发展角度来看，真正意义上的国际化主要是乳制品“走出去”能力的发展，提升国内乳制品的国际影响力与品牌竞争力。所以，作为乳业国际化发展的引领者，中国乳制品企业必须转变战略发展思路，在稳定母国市场的基础上，将发展重点由单一的国内发展转向国内外并行发展，尤其要积极开发国外市场，促进国内乳制品出口，提升出口贸易的促进效应。只有在进出口双向流动都得到长足发展的基础上，中国乳业才能实现转型升级与国际化发展之路。

（2）稳定人民币汇率，促进乳业国际贸易发展。由于乳制品在农产品中消费价格弹性较大，价格波动易带来消费需求的显著变化，所以在国际贸易中汇率变动往往带来贸易量的快速反应。从当前中国乳制品国际贸易发展现状来看，人民币汇率稳定才能使得进口乳制品到岸价格平稳，有利于国内乳制品市场价格稳定，促进行业健康发展。另外，中国乳制品企业在东南亚等国家已经建立了供应链体系，出口乳制品价格也会受人民币汇率变化影响，汇率上升会压缩出口乳制品利润空间并抬高生产成本，双向挤压造成乳制品

企业的发展压力。所以，稳定人民币汇率是促进乳业国际化发展的重要保障。

（3）推进贸易自由化进程，加快国际乳业物流体系发展。随着中新、中澳自由贸易协定的签署以及“一带一路”倡议引领下新丝绸之路自由贸易圈的形成，中国乳业国际交流与合作愈发具有生命力。虽然从短期来看，贸易自由背景下比较优势的存在会导致中国乳业在与新西兰、澳大利亚等乳业强国的国际市场竞争中趋于劣势。但从长期来看，贸易自由化弱化国家边界，强化公司作用，加强国家间联系，减少政策、货币等方面的摩擦，能够增加双边社会福利，同时也促进中国乳业生产经营效率的快速提升与技术交流，为中国乳业发展注入活力。同时，也为中国乳业“走出去”提供了更多的潜在市场，促进中国乳业国贸易新格局的形成。而上述乳制品国际贸易的长足发展还需要国际物流体系支撑，尤其是中国跨境乳业冷链物流体系的发展，有助于扩大生鲜乳制品国际贸易半径，为中国乳业对外出口发展提供物质基础。

9.2.6　提升乳制品企业品牌国际竞争力，进一步提升国际投资水平，逐步实现全产业链的国际化发展

（1）中国乳制品企业海外直接投资应从资本输出转变为品牌输出。总结近10年来中国乳制品企业OFDI的投资目标与投资方式，虽然近几年对于研发、技术创新的投资比重有所增长，但总体而言，中国乳制品企业OFDI的领域还多集中在基础产能项目上，且产品线设计与产品流向还主要集中在国内市场及周边地区。针对投资东道国及乳业发达地区市场的投资项目运营数量与质量均不足，当然这也与当地市场饱和程度与国内品牌竞争力水平相关。未来，中国乳制品企业在建设大规模海外生产基地的基础上，应进一步加大品牌营销投入，通过品牌建设引领国际化发展，将OFDI资金投入更多地从生产环节向销售环节转移，实现从资金的“走出去”到品牌的“走出去”。面临中国乳制品企业海外投资的资金压力，以及考虑到国内乳制品消费与奶源供需情况，下一步再大规模投建或收购海外奶源基地风险凸显。根据乳制品企业国际化三阶段发展规律，下一步“走出去”的着力点应转向打造国际知名品牌。当然，国际品牌的建设涉及内容丰富，但首先要打开国际知名度，使

中国品牌走向国际，在这一方面主要通过品牌的国际化宣传与营销来实现。

（2）中国乳制品企业的海外直接投资应从产业链驱动与延伸到全产业链对接。目前乳制品企业 OFDI 集中在奶源基地建设、国际先进生产加工技术引进与研发以及国内尚未成熟的乳制品品类（例如奶酪）市场的产品线开发上，以上方面主要是从产能、技术与市场角度对国内市场的补充与拓展，起到了驱动国内乳业产业链发展与功能延伸的作用。未来，随着生产技术水平差距的逐渐弥合，国内奶业全产业链发展水平的不断提升，中国乳制品企业海外投资的焦点应转向为海内外全产业链的有机对接，表现为：一是海内外奶源管理体系的升级，建立统一的奶源技术标准，形成海内外奶源及制品的双向流动；二是国际化标准加工、粪污治理技术体系的应用，通过大量引进国际先进技术及标准，提升国内乳制品企业在技术水平上实现与国际的全面对接；三是国际化仓储物流网络的对接，乳制品企业的国际化发展实质为乳制品的全球化销售，除了本土化生产销售模式以外，随着冷链物流技术水平的提升与国际化运输物流网络的进一步建设，逐步实现国内乳制品全球化物流网络；四是终端销售与售后平台的统一，中国乳制品企业需要打造国际化营销团队与销售体系，搭建国际化的售前售后平台，树立国际化的品牌形象。

参考文献

1. 毕宇晓．泰安市泰山区乳业发展研究［D］．山东农业大学．2009（4）：21－43.

2. 蔡肖琴．中澳自由贸易区对中国奶业的影响研究［J］．科技创新与应用，2017（17）：74.

3. 曹明福，李树民．全球价值链分工：从国家比较优势到世界比较优势［J］．世界经济研究，2006（11）：11－15＋10.

4. 常向阳，王雪梅，韩振兴．中国与“一带一路”沿线国家的农产品贸易潜力——基于异质性随机前沿引力模型的实证分析［J］．世界农业，2018（4）：87－95.

5. 程贵，王琪，胡海峰．中国对中亚国家直接投资的母国产业升级效应研究［J］．经济纵横，2017（06）：68－74.

6. 崔勇前，崔艳萍．“一带一路”倡议下中国与中东欧国家贸易互补性与发展潜力研究［J］．改革与战略，2018，34（1）：153－155，166.

7. 戴冠．中国对外直接投资区位选择的影响因素分析［J］．经济研究导刊，2019（15）：67－70.

8. 杜德斌，马亚华．“一带一路”：中华民族复兴的地缘大战略［J］．地理研究，2015（6）：1005－1014.

9. 段博川，唐幸，刘倩．中国对“一带一路”沿线国家 OFDI 动机的研究［J/OL］．统计与决策，2019（19）：129－132［2019－10－20］．https：//doi.org/10.13546/j.cnki.tjyjc.2019.19.029.

10. 方勇，戴翔，张二震．要素分工论［J］．江海学刊，2012（04）：88－96＋238.

11. 高虎城．深化经贸合作共创新的辉煌——“一带一路”倡议构建经贸合作新格局［J］. 国际商务财会，2014（6）.

12. 管理要．“一带一路”思想下对经济转型模式的思考［J］. 企业改革与管理，2014（12）.

13. 韩永辉，邹建华．“一带一路”背景下的中国与西亚国家贸易合作现状和前景展望［J］. 国际贸易，2014（8）：21－28.

14. 韩永辉，邹建华．“一带一路”背景下的中国与西亚国家贸易合作现状和前景展望［J］. 国际贸易，2014（8）.

15. 何玉成．中国乳品产业发展研究［M］. 科学出版社．2010（4）：193－202.

16. 胡艺，杨晨迪，沈铭辉．“一带一路”背景下中国与南亚诸国贸易潜力分析［J］. 南亚研究，2017（4）：78－92，153－154.

17. 胡昭玲，宋平．中国对外直接投资对进出口贸易的影响分析［J］. 经济经纬，2012（3）：65－69.

18. 贾妮莎，韩永辉，邹建华．中国双向 FDI 的产业结构升级效应：理论机制与实证检验［J］. 国际贸易问题，2014（11）：109－120.

19. 解坤磊，长青．光明乳业海外并购的国际化战略研究［J］. 中外企业家，2014（22）：3－5.

20. 金中坤，潘镇．生产率异质性、东道国因素与企业海外投资区位选择［J］. 中国流通经济，2019，33（09）：93－102.

21. 李兵．OFDI 贸易效应研究［M］. 北京：经济科学出版社，2009.

22. 李浩学，李盛辉．中国与“一带一路”沿线国家农产品贸易潜力分析——基于 HM 指数及随机前沿引力模型［J］. 价格月刊，2016（11）：69－74.

23. 李媛，刘芳，王琛．“一带一路”背景下中国乳制品企业跨境并购分析——以蒙牛和伊利为例［J］. 中国畜牧杂志，2018，54（12）：128－131.

24. 梁国栋．“一带一路”引领中国步入开放新境界［J］. 中国人大，2015（3）.

25. 刘芳，危薇．中国乳业国际竞争力研究［J］. 世界农业．2013（8）.

26. 刘宏曼，王梦醒．制度环境对中国与“一带一路”沿线国家农产品贸易效率的影响［J］. 经济问题，2017（7）：78－84.

27. 刘家贵，王录安，刘旭凡．中国从“一带一路”沿线国家进口乳制品的影响因素研究——基于引力模型的实证分析［J］. 中国物价，2016（3）：48－51.

28. 刘李峰，武拉平，张晓娟．中国奶制品进出口贸易格局的特征及融合对策［J］. 中国乳业，2006（7）：12－16.

29. 刘李峰．中国—澳大利亚奶制品贸易的格局、特征及融合［J］. 中国奶牛，2006（6）：53－58.

30. 刘敏，刘金山，李玉培．母国投资动机、东道国制度与企业对外直接投资区位选择［J］. 经济问题探索，2016（08）：100－112.

31. 刘淑梅．中国农业竞争力评价与提升对策研究［D］. 吉林大学.2013（6）：115－142.

32. 刘婷婷．中国投资新西兰乳业研究［D］. 华中师范大学，2014.

33. 刘尧飞．基于引力模型的海峡两岸贸易潜力研究［J］. 武汉商学院学报，2018，32（6）：42－45.

34. 刘艺卓．中新和中澳自贸协定对中国乳业的影响［J］. 中国畜牧业，2015（21）：31－34.

35. 刘玉满．破解中国乳业发展面临的风险、问题及制约因素［J］. 今日畜牧兽医.2006（2）：1－5.

36. 马国巍．提升黑龙江乳业竞争力思路与对策［J］. 东北农业大学学报. 2011（9）：16－19.

37. 倪学智．中国乳品产业协调发展的理论与实践［M］. 经济科学出版社.2008（12）：70－105.

38. 潘颖，刘辉煌．中国对外直接投资于产业结构升级关系的实证研究［J］. 统计与决策，2010（02）：102－104.

39. 钱纳里等：发展的模型 1950—1970［M］. 北京：经济科学出版社，1975.

40. 乔娟．中国肉类产品国际竞争力研究［M］. 北京，中国农业出版社，2002.

41. 尚斯，李钟林．贸易引力模型对双边贸易的实证分析［J］．延边教育学院学报，2018，32（06）：99－104.

42. 沈文华，杨静．北京市乳业经济发展研究［M］．中国农业科学技术出版社．2009（1）：190－220.

43. 田明华，史莹赫，高薇洋，等．基于引力模型的中国木质林产品进出口影响因素研究及贸易潜力测算［J］．林业经济问题，2018，38（05）：10－18＋100.

44. 田维明．提升中国农业国际竞争力问题研究报告［R］．外经贸部课题，2000.

45. 王琛，刘芳，李媛．中国乳企境外发展战略及对策研究［J］．中国畜牧杂志，2019（01）：127－132.

46. 王琛，刘芳，张萍．中国乳制品企业 OFDI 与乳业产业结构升级实证研究［J］．中国畜牧杂志，2019（10）：157－161.

47. 王方舟．河北省蔬菜产业竞争力分析与对策研究［D］．河北农业大学，2011.

48. 王丰龙，司月芳．“一带一路”倡议背景下亚投行设立对中国海外投资的影响研究［J］．世界地理研究，2019，28（05）：1－10.

49. 王涵．中国两大食品企业海外战略选择及其启示——以伊利与光明的比较为例［J］．对外经贸实务，2014（6）：76－79.

50. 王惠惠，刘芳，王琛　等．中新、中澳自由贸易区对中国奶业的影响研究［J］．世界农业，2016（8）：57－63.

51. 王金波．双边政治关系、东道国制度质量与中国对外直接投资的区位选择——基于 2005～2017 年中国企业对外直接投资的定量研究［J］．当代亚太，2019（03）：4－28＋157.

52. 王莉，沈贵银，刘慧．中澳自贸区的建立对中国奶业发展的影响研究［J］．农业经济问题，2012，33（9）：37－43，111.

53. 王霞．基于引力模型的对外直接投资区位选择影响因素研究［J］．经济研究导刊，2014（21）：255－256.

54. 王永德. 中国农产品国际竞争力研究——基于中美比较视角 [M]. 北京，中国农业出版社，2009.

55. 卜伟，易倩. OFDI 对中国产业升级的影响研究 [J]. 宏观经济研究，2015 (10)：54 –61.

56. 谢锋斌. “一带一路”背景下中国与吉尔吉斯斯坦倡议合作探讨 [J]. 商业时.

57. 徐爱国. 大庆市乳业市场竞争力的系统研究 [D]. 黑龙江八一农垦大学. 2009 (6)：21 –40.

58. 徐元，于洪平. 新形势下实施外贸知识产权倡议的思路与对策 [J]. 中国软科学，2014 (5)：11 –22.

59. 徐志刚，钟甫宁. 中国农产品的国内资源成本及比较优势 [J]. 农业技术经济，2000 (4)：1 –6.

60. 杨娇辉，吴婉雯，王伟，黄新飞. 中国 OFDI 区位分布的东道国汇率因素判断 [J]. 金融经济学研究，2017 (02)：40 –51.

61. 杨莉. “一带一路”倡议下中国乳制品贸易发展分析 [J]. 中国畜牧杂志，2018，54 (3)：119 –125.

62. 张春萍. 中国对外直接投资的贸易效应研究 [J]. 数量经济技术经济研究，2012 (6)：74 –85.

63. 张二震. 全球化、要素分工与中国的战略 [J]. 经济界，2005 (05)：18 –19.

64. 张光楠，陈坤铭，杨书菲. ECFA 对两岸三地的经济、贸易和产业影响——基于全球贸易分析模型 GTAP 的分析 [J]. 经济学 (季刊)，2012，3：873 –892.

65. 张静姝. 中国乳制品企业对外直接投资技术寻求效应分析 [D]. 海南大学，2017.

66. 张欣. 可计算一般均衡模型的基本原理与编程 [M]. 上海：格致出版社，(上海人民出版社)，2010.

67. 张宇春，卫士加. 中国在拉美的直接投资对中拉双边贸易的影响 [J]. 拉丁美洲研究院，2017 (1)：41 –59.

68. 张昱．农产品市场竞争力的理论与实证分析［D］．浙江大学．2003（4）：40－46.

69. 张智勇，杨再惠，刘双．中国对外经贸加工转型升级的网络经济驱动力研究［J］．商业经济研究，2015，3（7）

70. 赵金明．中国乳制品企业跨境并购的机遇与挑战分析［D］．对外经济贸易大学，2016.

71. 赵梦珺．用钻石模型分析中国乳业竞争力现状［D］．首都经济贸易大学．2005：39－40.

72. 仲妮．基于中澳自贸协定的中国乳制品行业发展研究［J］．知识经济，2016（19）：59－60.

73. 周昌林，魏建良．产业结构水平测度模型与实证分析——以上海、深圳、宁波为例［J］．上海经济研究，2007（6）：15－21.

74. 周俊．南亚国家投资壁垒及其对中国的影响、对策建议［J］．南亚研究季刊，2018（03）：36－43＋5.

75. 周俊玲．中国乳业发展滞后的原因及对策［J］．农村经济．2001（2）：1－3.

76. 宗会明，郑丽丽．"一带一路"背景下中国与东南亚国家贸易格局分析［J］．经济地理，2017，37（8）：1－9.

77. Ahuja, Vinod & Filmer, Deon. Educational attainments in developing countries: New estimates and projections disaggregated by gender [J]. Policy Research Working Paper Series 1489, The World Bank, 1995.

78. Brown, Drusilla K., Kozo Kiyota and Robert M. Stern. Computational analysis of the menu of US－Japan trade policies [J]. World Economy, 2010, Vol. 29 (No. 6): 805－855.

79. Buckley P J, Clegg L J, Cross A R, et al. The determinants of Chinese outward foreign direct investment [J]. Journal of International Business Studies, 2007, 38 (4): 4 99－518.

80. Buckley, P. J. and Casson, M. C. The future of the multinational enterprise [M], London: Homes and Meier Press, 1976.

81. Chen F, Zhong F, Chen Y. Outward foreign direct investment and sovereign risks in developing host country [J]. Economic modelling, 2014 (4): 166 - 172.

82. Choudhri, E. U., Lawrence, S. L. Productivity performance and international competitiveness: An old test reconsidered [J]. Canadian Journal of Economics, Vol. 35, 2002 (5): 341 - 362.

83. Chunding Li, John W. China and the Trans - Pacific partnership: A numerical simulation assessment of the effects involves [J]. The World Economy, 2014.

84. CPB. World scan: The core version [R]. CPB Netherlands Bureau for Economic Policy Analysis, 1999 (12).

85. 8Dillon, P., Hennessy, T. Shalloo, L. Future outlook for the Irish dairy industry: A study of international competitiveness, influence of international trade reform and requirement for change [J]. Society of dairy technology, 2008 (61): 16 - 29.

86. Dowling, M. and Cheang, C. T. Shifting comparative advantage in Asian: New test of the "flying geese" model [M]. Journal of Asian Economics, Vol. 11, No. 4, 2000.

87. Dunning, J. H. Explaining the international direct investment position of countries: Towards a dynamic or developmental approach [J]. Review of world economics, 1981 (2): 30 - 64.

88. Dunning, J. H. International porter's diamond [J]. Management international, 1990, 33 (2): 17 - 39.

89. Frohberg, K., Hartmann, M. Competitiveness of farming in countries associated with the EU under the common agricultural policy [J]. Structural change in the farming sectors in central and eastern Europe: lessons for EU accession - Second World Bank/FAO workshop, 1999 (6): 27 - 29.

90. Geoff, E. The story of deregulation in the dairy industry [J]. Australian Journal of Agricultural & Resource Economics, 2003 (3): 75 - 98.

91. Gerchenkron, A. Economic backwardness in historical perspective: A bool of essays [M]. Cambridge: Belknap Press of Harvard University Press, 1962.

92. Helpman, E. Multinational corporations and trade structure [J]. The review of economics studies, 1985 (3): 443 – 457.

93. Hsu, J. L., Wann, J. J. Competitiveness and consumer preferences of US fruits in Taiwan [C]. Annual meetings of the American agricultural economics association – Canadian agricultural economics society, Chicago, USA, 2001, August 5 – 8.

94. Hymer, S. H., The international operations of national firms: A study of direct foreign investment [M]. Cambridge: The MIT Press, 1976.

95. Isik, M. Environmental regulation and the spatial structure of the U. S. dairy sector [J]. American Journal of Agricultural Economics. 2004 (11): 949 – 962.

96. Johannes Brocker, Artem Korzhenevych, Carsten Schurmann. Assessing spatial equity and efficiency impacts of transport infrastructure projects [J]. Transportation Research Part B. 2010: 795 – 811.

97. Kaiser, D. D., Harry, M. Coupon Redemption and its effect on household cheese purchases [J]. American Journal of Agricultural Economics, 2005 (8): 689 – 702.

98. Kalaitznadonakes, N. G. Agro biotechnology and competitiveness [J]. American journal of agricultural economics, Vol. 82, 2000 (5): 1233 – 1244.

99. Kamble Ashwini Shankar. Performance of dairy industry in India: Challenges and opportunities [J]. R. C. S. M. College of agri – business management, 2012 (10).

100. Kang Y, Jiang F. FDI location choice of Chinese multinationals in East and Southeast Asia: Traditional economic factors and institutional perspective. Journal of World Business, 2012, 47 (1): 45 – 53.

101. Kindleberger, C. P. American business abroad: Six lecture on direct investment [M]. New Haven: Yale University Press, 1969.

102. Knickerbocker, F. T., Oligopolistic reaction and the multinational enter-

prises [M]. Boston: Harvard University Press, 1973.

103. Kojima, K. Japan and American direct investment in Asia: a comparative analysis [J]. Hitosubashi journal of economics, 1978 (1): 1 -35.

104. Koopmans, T. C. Analysis of production as an efficient combination of activities. In: Koopmans, T. C. (Ed.), Activity Analysis of Production and Allocation, Cowles Commission [M]. Wiley, New York, 1951: 33 -97.

105. Liang, R., Bing, L. Outward foreign direct investment and industry structural optimization: Analysis and testing on data of republic of Korea [C]. Computational Intelligence and Security (CIS), 2010 International Conference on IEEE, 2010: 614 -618.

106. Mariam, C., Cecilio, T. Estimating the export and import demand for manufactured goods: The role of FDI [J]. Review of world economics, 2004 (3): 347 -375.

107. Mundell, R. A. International trade and factor mobility [J]. American economic review, 1957 (3): 1269 -1278.

108. Murphy, J. J. etc. Effect on cow performance and milk fat composition of including full fat soybeans and rapeseeds in the concentrate mixture for lactating dairy cows [J]. Dairy Res, 1990 (57): 295 -306.

109. Patri, P. A. The regional clustering of foreign direct investment and trade [J]. Transnational corporations, 1994 (3): 1 -24.

110. Peter A. Petri, Michael G. Plummer, Fan Zhai. The Trans - Pacific partnership and Asia - Pacific integration: A quantitative assessment [D]. East - West Center Working Papers. 2011, 119.

111. Poppe, K. J. Wijnands, H. M., Bernd, M. J. and etc. Struggle for leadership: The competitiveness of the EU and US food industry [C]. No. 9919, 2007 Annual Meeting, July 29 - August 1, 2007, Portland, Oregon TN from American Agricultural Economics Association.

112. Poter, M. F. The competitive advantages of nations [M]. New York, The Free Press, 1990.

113. Salvacruz, J. C. Competitiveness of the United States and the ASEAN in the international agricultural market [J]. Journal of food distribution research, 1996 (2): 81 - 89.

114. Sassi, M. Agricultural convergence and competitiveness in the EU - 15 regions [C]. Contributed paper prepared for presentation at the "International Association of Agricultural Economists Conference", Gold Coast, Australia, 2006, August 12 - 18.

115. Tinbergen, J. Shaping the world economy: Suggestions for an international economic policy, The Twentieth Century Fund, New York, 1962.

116. Tsung - Chen Lee, Paul Tae - Woo Lee. Economic impact analysis of port development [J]. Dynamic Shipping and Port Development in the Globalized Economy, The Editors, 2016: 158 - 186.

117. Vernon, R. International investment and international trade in product cycle [J]. The quarterly journal of economics, 1996 (2): 190 - 207.

118. Wells, L. T. Third world multinationals: The rise of foreign investment from developing countries [M]. The MIT Press, 1983.

119. Yuichiro Uchida, Cook, P. The effects of Competition on technological and trade competitiveness a preliminary examination. Working paper series, Paper No. 72, Centre on regulation and competition, Institute for development policy and management, university of Manchester, 2004 (6): 1 - 34.